Albrecht Goes

Erzählungen
Gedichte
Betrachtungen

S. Fischer Verlag

Für diese Ausgabe:
© 1986 S. Fischer Verlag GmbH,
Frankfurt am Main
Satz und Druck: Wagner GmbH, Nördlingen
Einband: G. Lachenmaier, Reutlingen
Printed in Germany 1986
ISBN 3-10-026519-x

Inhalt

Erzählungen

Gedichte

Betrachtungen

Erzählungen

Das Brandopfer

Geschehenes beschwören: aber zu welchem Ende? Nicht, damit der Haß dauere. Nur ein Zeichen gilt es aufzurichten im Gehorsam gegen das Zeichen des Ewigen, das lautet: ›Bis hieher und nicht weiter.‹ Ein Gedenkzeichen, geschrieben – wohin und für wen? Ach, in die Luft schreibt, wer ihrer gedenkt, ihrer, deren irdisches Teil vergangen ist, Staub und Asche in Erde und Wind. Man hat vergessen. Und es muß ja auch vergessen werden, denn wie könnte leben, wer nicht vergessen kann? Aber zuweilen muß einer da sein, der gedenkt. Denn hier ist mehr als Asche im Wind. Eine Flamme ist da. Die Welt würde erfrieren, wenn diese Flamme nicht wäre.

»Wenn das mit dem Kinderwagen nicht dazugekommen wäre, hätte ichs wohl nicht getan. Lieber Herr, der Mensch ist stumpf, stumpfer als das Vieh. So ein Stück Vieh – ich weiß, wie das dreinsieht, wenn sein Stallgefährte unters Messer kommt, ich hab' oft genug in den Schlachthof mit hinausfahren müssen damals, als mein Mann im Feld war. Ja, die Kreatur, die sieht drein. Aber wir, wir sagen: das sollte nicht sein – und sagen: aber das ist ja entsetzlich, und dann gewöhnen wir uns daran. Und im Geschäft heißt es dann gleich: Kunde ist Kunde, und gutes Geld ist gutes Geld. Und sehen Sie: ich habe von den Juden nie so richtig etwas gewußt; hier in unserer Nähe wohnten nur zwei Familien, Doktor Rosenbaums schräg gegenüber in achtzehn, aber die sind gleich, als Hitler kam, nach Holland gegangen: er war so etwas wie Sie, Herr Doktor, Bibliotheksrat, glaube ich – diese Rosenbaums und die kleine Fräulein Wolf, aber die kam nie mehr unter die Leute, und man hat es dann auch so lange nicht gemerkt, daß sie den Gashahn aufgemacht hatte... das war schon vor dem Jahr 38. Nein, so richtig gewußt habe ich nichts; ich sage das nicht, um mich zu entschuldigen, es entschuldigt ja auch wenig genug, man hätte sich eben kümmern müssen, ich weiß, jetzt weiß ich es. Vor den neuen Herren, denen in Uniform, hatte ich keinen großen Respekt. Sie kamen hereingeschnarrt und holten sich ein Viertel Leberwurst oder einen gemischten Aufschnitt, ich machte es ihnen zurecht und sagte: ›Auf Wiedersehen!‹ Und mein Mann sagte: ›Heil Hitler!‹ Da hatten wir dann manchmal einen Wortwechsel darüber. ›Nun hast du wieder nicht richtig gegrüßt‹, sagte mein Mann, ›und es war die Frau Kreisleiter persönlich.‹ Und ich sagte: ›Was ist das dann, die Frau Kreisleiter persönlich?‹ ›Mach dich nicht mausig‹, sagte dann mein Mann, ›Dachau ist nicht so weit, wie du denkst.‹ Und ich fragte: ›Dachau – was ist das?‹ Ja, lieber Herr, so habe ich gefragt, denn ich habe es wirklich nicht gewußt, und das war schon im Jahr 35 oder 36. Mein Mann sagte dann: ›Dachau – das ist nichts aus dem Gebetbuch.‹ Da war ich still und fragte nicht weiter. So ging das in den ersten Jahren. Bis dann, im Dezember 38 war es, und ich weiß den Tag noch gut, es war ein sehr kalter Tag – ja also, bis dann das erste Mal eine Frau in den Laden kam, die den gelben Stern am Mantel trug. Gleich nach der Mittagspause war sie gekommen, und ich war allein im Geschäft. ›Ein halbes Pfund Rindfleisch, bitte‹, sagte sie, und dabei schaute sie zur Ladentür zurück, so wie wenn einer hinter ihr her wäre. ›Solls mit Knochen sein?‹ fragte ich, wie ichs zu fragen gewohnt bin, und da sehe ich den Stern an ihrem Mantel, recht pünktlich war er aufgenäht mit gelbem Faden, so für die Dauer. ›Ja, bitte, mit Knochen‹, sagte sie. Und ich richte ihrs zu, und sie zahlt und sagt ›Guten Tag‹ und geht hinaus. Aber am Abend – auch das weiß ich noch, wie wenn es gestern gewesen wäre –, mein Mann hatte die Zeitung weggelegt und machte sich am Radio zu schaffen, da fragte ich ihn: ›Wie war das eigentlich neulich mit der Synagoge, und warum habt ihr den Brand nicht löschen können?‹ Er war damals bei der Freiwilligen Feuerwehr, mein Mann, und sie waren alarmiert worden in der Novembernacht. ›Kunststück‹, sagte mein Mann, ›– wo wir doch den Schlauch gar nicht am Hydranten angeschlossen hatten.‹ ›Sondern?‹ fragte ich. ›Sondern –‹, sagte mein Mann und wurde kalkweiß, ›– man muß nicht alles wissen wollen. Beruhige dich, Grete, das ist nun vorbei‹, sagte er noch. Aber da war ich auch schon aufgestanden und zur Tür hinausgegangen, und ich lief, wie ich war, kreuz und quer durch unser Stadtviertel, eine Stunde lang oder länger. In der Petruskirche, damals stand sie ja noch, war Licht, ich blieb einen Augenblick lang im Eingangsportal stehen und hörte dem Gesang zu, und da wußte ich auch schon, wie es kommen würde, und es kam ja dann sechs Jahre später – fast auf den gleichen Tag. – ›Bist du so fortgewesen?‹ hatte mein Mann gefragt, als ich zurückkam, ›so ohne alles? Du kannst dir ja den Tod holen!‹ Und ich sagte: ›Ja, den Tod.‹

Es kam der Krieg, und mein Mann mußte gleich am zweiten Tag einrücken. Es hatte ihm nichts geholfen, daß er noch in die Partei eingetreten war und auf dem Wehrbezirkskommando gesagt hatte, eine Metzgerei sei ein lebenswichtiger Betrieb. ›Ihre Frau ist ja zu Hause, und die kennt sich aus‹, hatte es geheißen. Er wurde aber dann doch, gleich nach dem Polenfeldzug, noch einmal entlassen, nur: im Februar 40 holten sie ihn von neuem, und von da an blieb ich dann hier allein bis zum Herbst 47; im Herbst 47 erst kam er zurück aus der Gefangenschaft. Die ersten Kriegsmonate – man hatte sehr viel zu tun damals, es gab so viele Vorschriften, die mußte man alle im Kopf haben, und zwei Abende in der Woche gingen hin mit dem Markenaufkleben. Man kam gar nicht so recht zur Besinnung, und ich war beinahe froh darüber. In der Kundschaft gab es Leute, die einem sagten: ›Passen Sie auf, Sie bekommen bald eine schöne Metzgerei in Paris oder London! Was glauben Sie, am 10. Oktober sind wir in London, mein Bruder hat es direkt vom OKW.‹ Ich gab kein Wort zurück auf solche Narrenreden, sah nur manchmal zur Petruskirche hinüber, die Turmspitze konnte man gerade sehen durch das große Ladenfenster, und dann dachte ich: wie lange noch?

Und dann – der Tag, an dem die zwei Männer von der politischen Leitung kamen, zwei Jünglinge muß ich sagen. Goldfasanen hieß man diese politischen Leiter, man hat immer solche Scherzbezeichnungen erfunden, aber das war nicht gut, lieber Herr... Ja, und die zogen ein Papier aus der Tasche. ›Befehl vom Gauleiter‹, sagten sie. Ein Gauleiter, Sie wissen das sicher noch, das war damals so etwas wie der Herrgott in eigener Person. ›Ja – und?‹ fragte ich, und ich hatte einen unguten Geschmack auf der Zunge. ›Sie sind zu einer besonderen Aufgabe ausersehen, Frau Walker‹, fing der eine an, und der andere: ›Und da gehört allerhand politisches Fingerspitzengefühl dazu, zu dieser Aufgabe.‹ Ich konnte mir nun freilich gar nicht denken, was man von mir wollte. ›Was soll ich denn?‹ fragte ich. ›Sie werden die Judenmetzig‹, erwiderte nun der eine – ich sehe ihn noch, wie er dastand, ein feistes Ekel mit gelber Hornbrille, keine dreißig Jahre alt –, und der andere schrie, wie als Echo: ›Die Judenmetzig‹, und dann prusteten sie los, so als hätten sie einen besonders guten Scherz erzählt: ›Die Judenmetzig, die Judenmetzig‹, und konnten sich gar nicht beruhigen. Schließlich hieß es dann so: alle Juden der Stadt dürfen von jetzt ab nur noch hier ihre Fleischwaren einkaufen, und freitags, an jedem Freitagnachmittag zwischen fünf und sieben Uhr wird meine Metzgerei für die, wie man sagte – ›nichtarische Bevölkerung‹ offengehalten. ›Sie werden sich dieses Vertrauens würdig erweisen.‹ Das klang wie eine Drohung und war ja wohl auch so gemeint. Die Jünglinge holten ihre Zigarettenetuis heraus, schnüffelten ein wenig umher, warfen mir noch ein paar öde Bemerkungen hin (›Nicht, daß Sie nun den Abraham und die Sara mit Filets und mit Schnitzeln füttern.‹) und zogen ab. Anderntags stand die finstre Neuigkeit schon im Städtischen Verordnungsblatt, und wieder einen Tag später war sie der Gesprächsstoff für meine Kunden. Nun muß ich sagen: es gab nicht wenige, denen die Verordnung nicht gefiel und die verlegen vor sich hin schwiegen, wenn andere redeten. Es gab sogar Äußerungen der Unzufriedenheit. ›Wenn das nur gut geht‹, sagte dann eine Frau wohl. Und eine andere: ›Das geht bestimmt nicht gut.‹ ›Darauf können Sie Gift nehmen‹, sagte eine dritte noch. Aber plötzlich rief dann einer – einer oder eine, ich weiß es nicht mehr –: ›Machen Sie aber nur freitags nachts gut Durchzug, sonst hälts kein Christenmensch am andern Tag bei Ihnen aus, Frau Walker.‹ Und eine junge Frau – auch sie seh ich noch vor mir, Herr Doktor –, die sagte: ›Mein Mann ist gerade im Urlaub da, er läßt fragen, ob er Ihnen nicht gleich für nächsten Freitag noch seine Gasmaske leihen soll.‹ Lieber Herr, wenn ich es bis dahin noch nicht gemerkt hätte, dann mußte ich ja jetzt wohl begreifen, was die Stunde geschlagen hat.

Freitag zwischen ein und fünf Uhr war Sperrstunde für mein Geschäft, auch das stand im Verordnungsblatt, und ich weiß es noch sehr genau, wie mir zumute war am ersten Freitagnachmittag. Gleich nach dem Ladenschluß um ein Uhr hatte ich über die Steinfliesen hingewischt, das Essen mochte ich nicht anrühren an diesem Tag, aber schlafen wollte ich. Nun, und manchmal tut einem ja das Leben etwas Freundliches an, und man schläft mitten in der Angst. Ich schlief also wirklich, aber es war ein Schlaf mit schlimmen Träumen. Ich will davon nicht sprechen, Träume sind Träume, und was später kam, war ja noch schlimmer als alle Träume. Aber so war die Sperrzeit vergangen. Ich hatte kurz vor fünf Uhr die Ladentür wieder aufgeschlossen, sie sollten nicht draußen warten müssen; doch wurde es Viertel nach fünf, ehe die ersten Käufer sich einstellten. Sie hatten wohl schon ihre Erfahrungen gemacht mit der anderen Kundschaft und wollten sichergehen, daß sie hier niemandem begegnen. Ich habe es dann an diesem Abend alles zum ersten Mal erlebt, was man da erleben konnte: die Angst, mit der sie mir ihre Lebensmittelkarten über den Tisch hin reichten, diese farbigen Fetzen, jeden Monat hatten sie eine andere Farbe, aber in jedem Monat war das gleiche große ›J‹ eingedruckt, ein freches ›J‹: ›Jude‹ hieß das, und was man auf diese Karten kaufen konnte, war längst schon zum Leben zu wenig. Sie kannten mich ja nicht, und so folgten sie mit mißtrauischem Blick dem Schnitt meiner Schere, wenn ich den Wochenabschnitt an mich nahm. Später begriff ich das alles. Das Mißtrauen und die Angst. Begriff auch, warum manche unter ihnen so müde waren, daß sie sich am Ladentisch festhalten mußten. Sie waren ja hier heraus eine Stunde oder zwei Stunden lang zu Fuß gegangen, die Benützung der Straßenbahn hatte man ihnen untersagt, und auf den Bänken im Schloßpark stand: ›Nicht für Juden.‹ Einige hatten große Eile, das merkte ich bald, aber auch dafür erfuhr ich erst später den Grund: am Freitagabend um sechs beginnt ja der Sabbat, und ein strenggläubiger Jude läßt sich dann nicht mehr gerne bei so weltlichem Geschäft finden und unterwegs. Man hatte diese Einkaufszeit gewählt, um ihnen ihren Sabbatanfang zu verderben; ich begriff es bald, man sorgte dafür, daß ich begriff.

Denn schon am dritten oder vierten Freitag kam Besuch. Kontrolle? Kontrolle kann man eigentlich nicht sagen, denn um mich kümmerten sie sich so gut wie gar nicht, wenigstens schien es so. Sie kamen zu zweit oder zu dritt, in Uniform. Eine Bibel trugen sie bei sich, so eine richtige Prachtbibel, breit und schwer. Dann warfen sie sich in Positur, wie zu einer Predigt, schlugen die Bibel auf und begannen zu deklamieren. Nichts von dem, was dastand, bewahre – sondern böse Reimereien. ›Das Saufleisch –‹, nein, nein, ich *kann* das nicht mehr wiederholen... nein, lieber Herr, ich kann nicht. Aber behalten habe ich sie, diese Verse. Sie wundern sich, daß ich sie behalten habe? Nein, Sie wundern sich nicht. Kann man denn das vergessen? Wie sie so dastanden, Herrwasbinich, junge, blonde Burschen, ganz hübsche Gesichter, Sie wissen ja – und die anderen daneben, unansehnlich genug, die Frauen mit ihren Einkaufstaschen aus gepreßtem Papier, in ihren abgetragenen Kleidern, und Männer dann auch, und alle immer wie unter der Peitsche, aber ihre Gesichter... wirkliche... Einen Augenblick, entschuldigen Sie mich einen Augenblick, Herr Doktor –«

Es ist an der Zeit, daß ich mitteile, wer hier spricht und wer ich selber bin, der Mann, der da zuhört. Nun, was mich angeht, so ist gleich Bescheid gegeben. Ich bin Assistent an der Staatsbibliothek und wohne hier draußen in der Gartenstadt in einem Eckhaus. Ich habe ein Zimmer im dritten Stock dieses Hauses, eines übrigens erst kürzlich wiederaufgebauten Hauses, und es ist ein recht schönes Zimmer. Mein Gegenüber, die Berichterstatterin, sie nannte sich selbst ja einmal mit Namen, ist Frau Walker, die Frau des Metzgermeisters und Hausbesitzers Karl Walker. Aber wie ich dazu komme, diesen Bericht zu hören – und es wird ja mit diesem Teil eines Berichts kaum sein Bewenden haben können –, das ist nicht mit zwei Worten gesagt. Wie kommt man zu einer Geschichte? Wenn man neugierig ist. Gut; aber ich bin nicht neugierig. Oder man kommt an eine Geschichte, wenn einen das Menschenlos angeht – irgendeines oder ein bestimmtes. Aber geht einen Assistenten an der Staatsbibliothek das Menschenlos an? Handschriften, Inkunabeln, Faksimiles, Erstdrucke – das versteht sich: die müssen ihn interessieren. Aber nein –: Menschenlos geht uns an. Man wohnt nicht in Untermiete bei Frau Margarete Walker, der Frau mit dem Brandmal im Gesicht, ohne daß man sich fragt: was ist das für ein Mensch, und was für ein Los ist da geworfen? Man geht nicht nur beim Heimkommen durchs Geschäft und nimmt sich für das Abendbrot ein Viertel Zungenwurst mit oder hundert Gramm gekochten Schinken. Bei Karl Walker, ja, da könnte es allenfalls genügen, die Worte zu wechseln, die immer schon vorliegen, die niemand erst noch zu finden braucht: »Guten Tag... heiß heute... ziemlich kühl heute... viel Arbeit gehabt, Herr Doktor?... Was ist gefällig?«
Merkwürdig: wie kommt dieser Mann zu dieser Frau? Oder noch merkwürdiger: wie kommt diese Frau zu diesem Mann? Ein Metzgermeister – aber sieht so ein Metzger aus? Etwas Plattgedrücktes ist da, so, als wäre die Geschichte wie ein Traktor darüber hingegangen, um nichts übrigzulassen als ein

Paar wasserblaue Augen und einen schweren, müden Mund. (»Guten Tag. Was darfs sein, schönes Fräulein? Schinkenwurst – jawohl, von heute. Schwartenmagen, prima, prima.«) Aber wer ist diese Frau, die während der Hauptgeschäftszeit, zwischen neun also und halb elf und abends nach fünf Uhr, im Laden mithilft? Fleisch- und Wurstverkauf sind getrennt, die Frau steht dann auf der Wurst-Seite, wenn man so sagen kann, und führt die Kasse. Daß ihre Hände nicht für das Metzgermesser geschaffen sind, sieht jeder, und wofür die großen, dunklen Augen bestimmt sind, das frage du. Der Mund, ein strenger, ein – ich weiß kein besseres Wort – verschweigerischer Mund, wird es dir nicht sagen. Dabei besteht kein Zweifel: sie ist es, die hier die Verantwortung hat. Ich erinnere mich gut: als ich mich auf das Inserat hin nach dem Zimmer erkundigte und Herrn Walker darüber befragte – es war eine Stunde im frühen Nachmittag, und ich traf nur den Mann im Laden an, einen kleinen, untersetzten Mann in schwarzweißgestreifter Metzgerjacke, da bekam ich den Bescheid: »Besprechen Sie's mit der Frau«, und ich weiß noch, wie dieses »mit der Frau« mich traf: so, genau so redet ein älterer Metzgergeselle von seiner Meisterin, und so ließ es sich denn auch weiterhin an. Ich ging also zu der Frau, mit einiger Scheu (warum eigentlich mit einiger Scheu?) ging ich durch die Tür, auf die Herr Walker gedeutet hatte, und kam in ein Zimmer, das – unmittelbar neben dem Laden gelegen – halb Büro, halb Wohnraum heißen mochte: dort traf ich, an der Schreibmaschine beschäftigt, die Frau. Sie hörte meine Bitte an, sah mir aufmerksam ins Gesicht, ohne zu lächeln – es war wie eine Prüfung –: dann führte sie mich in das Zimmer; es war ein Zimmer im dritten Stock, ein helles Zimmer mit einer erfreulichen Aussicht. Das Mobiliar – ein Schlafsofa, ein Schrank, ein Tisch, dazu Waschkommode und Stühle – war, man sah es auf den ersten Blick, ganz neu, aus leichtem Holz. Was mir auffiel, war: es gab keine Häkeldecken, keine Familienbilder an den Wänden und keine sonstigen Bürgergreuel – dafür eine ganz moderne Arbeitslampe und als einzigen Wandschmuck Rembrandts Tobias in einer vorzüglichen Reproduktion. »Sie richten sich das sicher am liebsten nach Ihrem eigenen Geschmack vollends ein«, sagte Frau Walker, und auf dieses Wort hin war ich endgültig entschlossen, hier zu mieten.

Noch einmal: wer ist diese Frau? Wenn es eine Aufgabe war, auf diese Frage eine Antwort zu finden – wie wir denn einander zu Frage und Antwort in den Weg gestellt sind –, so tat sie selbst nichts dazu, mir diese Aufgabe zu erleichtern, nichts, oder doch so gut wie nichts. Wir kamen ja selten genug dazu, mehr als den Gruß miteinander zu tauschen, lange nicht jeden Tag bekam ich die Frau zu Gesicht, da ich den Weg durch die Metzgerei nicht sonderlich liebte. Wohl aber war es mir zwei-, dreimal begegnet, daß Nachbarsleute mich ins Gespräch zu ziehen suchten und nicht übel Lust zeigten, durch mich etwas über meine Wirtin zu hören ... Ja – und dies kommt mir erst jetzt zum Bewußtsein – selbst das Wort ›Judenmetzig‹ habe ich nicht in Frau Walkers Bericht zum ersten Mal gehört. »*Wo* wohnen Sie?« hatte man mich neulich – halb ungläubig, halb kontrollierend – gefragt, und auf meine Antwort hin zurückgegeben: »So, in der Judenmetzig«, dann aber, ohne mir eine Pause zu Rückfragen zu lassen, weitergefragt: »Und – die Frau Walker ... wie ist sie dann jetzt so?« Worauf ich freilich – was hätte ich anderes tun können? – dem Gespräch eine gleichgültige Abschlußwendung gab und mich empfahl. Diese Frau und ihr Weg – was für ein Weg? –: das ist kein Gegenstand für ein Zaungespräch, so etwas weiß man, ohne freilich sagen zu können, woher man es weiß.

Es folgte – ich vergegenwärtige mir eines nach dem anderen – die Abendbegegnung in der Gesellschaft ›Pro Israel‹, einer Vereinigung, die es sich zur Aufgabe gemacht hat, den Boden aufzulockern für die Wiederherstellung von echten Beziehungen zu Israel. Ein Kollege von der Staatsbibliothek hatte mich dort eingeführt, und ich war nicht wenig verwundert, als ich unter den Teilnehmern der kleinen Versammlung meine Hauswirtin entdeckte, keineswegs als Zufallsgast, derlei fühlt man ja gleich, sondern als sachkundiges Mitglied. Im Saal selbst konnten wir nur einen schweigenden Gruß miteinander tauschen, doch ergab es sich, daß wir den Heimweg zusammen machten, und unser Gespräch ging den Erwägungen des Abends nach. »Redet freundlich mit Jerusalem!« Ich nahm das Leitwort des Redners noch einmal auf und sagte: »Aber das ist nun gar nicht so leicht ... ich denke an das junge Geschlecht in unsrem Land, dem man einen Dienst tun möchte. Sie haben fast keine Anschauung mehr, und reine Ideen liebzuhaben, ist sehr schwer.« Frau Walker gab zur Antwort: »Immerhin, ein paar Vertriebene sind ja zurückgekehrt: dann muß man es eben diese Wenigen spüren lassen, wie man es meint. Und überhaupt: wenn nur einige unter uns den Schrecken behalten, dann ist auch das nicht umsonst.« Ich sah sie, während sie das sagte, von der Seite her an und merkte wohl, daß sie von einem Schrecken sprach, der *sie* ganz ausfüllte: dem Schrecken, dem Erschrockensein über alles, was dem Menschen möglich ist. Mir lag dann wohl die Frage auf der Zunge, wie sie zu dieser Gesellschaft ›Pro Israel‹ gekommen sei, aber es ist nicht so leicht, Frau Walker etwas zu fragen. Übrigens waren wir auch schon fast zu Hause. Meine Wirtin schloß die Haustür auf, im Treppengang sagten wir uns Gute Nacht. Seither sind vierzehn Tage vergangen, und keine neue Begegnung wollte sich schicken.

Heute aber nun ... ich trete ins Wohnzimmer, mein Blick geht, wie der Blick jedes Mannes unsrer Zunft, über das Bücherregal hin und bleibt hängen an einem hebräischen Rückentitel. Ein hebräisches Buch? Nun, das ist meine Domäne, ich darf, ohne für zudringlich zu gelten, den Buchrücken anrühren und fragen: »Wie kommen Sie denn zu diesem Buch?« »Das ist eine Geschichte«, sagte Frau Walker. Es muß aber etwas in meinem Blick gewesen sein, nicht Neugier, etwas sehr anderes, denn sie fuhr fort: »Ich erzähle sie Ihnen einmal.« Da sagte ich – es war Abend, wir standen am Konsol, die Stille im Haus war hörbar wie eine Stimme von jenseits der Zeit – und ich sagte: »Jetzt.«

Und da erzählte sie. Aber was heißt: sie erzählte? Sie beschwor. Nicht, als ob das, was nun folgte (»Lieber Herr, wenn das mit dem Kinderwagen –«), aus ihr gestürzt wäre wie ein Katarakt. Nein, man müßte wohl eher sagen: es wurde heraufgeholt aus dunklem Schacht. Langsam erzählte sie und mit langen Pausen. Katarakt oder Schacht – genug: sie sprach, und es war nicht statthaft, die Sprechende zu unterbrechen. Solange sie schwieg, hörte man die Uhr, die verrinnende Zeit. Zeit: Gnade und Gericht. Schon Gericht. Noch Gnade.

»Einen Augenblick, entschuldigen Sie mich einen Augenblick«, hatte sie dann gesagt und war gegangen. Ich hatte nichts von der Außenwelt gehört, wie man im Bergwerk nichts von der Außenwelt hört. Es muß jemand gekommen sein: Herr Walker – oder ein Fremder. Jetzt kam sie selbst zurück, zum Ausgehen angezogen, eine Rote-Kreuz-Tasche in der Hand. »Ich muß rasch in ein Nachbarhaus«, sagte sie, »es hat ein Unglück gegeben dort, ein Kind hat sich den Arm verbrüht. Das ist noch so ein Kriegsandenken, daß man mich holt in solchen Fällen«, fügte sie halb lächelnd hinzu.

Sie war wieder ganz in der Gegenwart und mit ihren Gedanken gewiß schon drüben bei dem Kind. Unser Gespräch war abgebrochen. Kann man sagen: unser Gespräch? *Sie* hatte gesprochen, aber wenn Zuhören eine andere Form von Sprechen ist, dann *war* es ein Gespräch. Sie hatte nicht gesagt: »Ich komme bald zurück, warten Sie hier.« Und auch nicht, was man so sagen könnte: »Auf ein andermal denn.« Aber der Satz am Anfang ihres Berichts, das war etwas, auf das ich von mir aus zurückkommen konnte, etwas wie das Versprechen auf eine Fortsetzung dieser Geschichte. Keiner schönen Geschichte – soviel ist gewiß, schon jetzt. Aber wer sagt denn, daß man nicht auch einer finsteren Geschichte einiges Licht abgewinnen kann, wie man helles Feuer schlägt aus dunklem Stein?

Gleich, sagte ich mir, jetzt gleich muß ich die Geschichte zu Ende hören. Auch Frau Walker zuliebe darf ich nicht lange zögern. Ein Mensch, der es wagt, solche Erfahrungen noch einmal ans Licht zu holen, tut sich auf wie – wie der Leib einer Gebärenden sich auftut. Das Tor muß sich wieder schließen, bald . . . Doch nicht, ehe ein Mitwisser gewonnen ist. Ich, der Mitwisser.

Unser Gespräch hatte an einem Dienstag stattgefunden, Mittwoch- und Donnerstagabend waren durch Berufspflichten ausgefüllt, und eine Einladung zu Freitagabend konnte ich nicht mehr absagen. Wir waren unser elf im Hause eines Landgerichtsrats, es gab vorzügliche kalte Platten und einen leichten Moselwein, es gab Hausmusik, ein helles französisches Barocktrio und eine Flötensonate von Couperin, einen Mozart zuletzt, es gab das gute Gespräch der weltoffenen Leute, an dem ich zu anderer Stunde mit Vergnügen teilzunehmen vermocht hätte –; aber wie konnte ich der Schinkenbrötchen froh werden, wenn ich das im Ohr hatte: »Ein halbes Pfund Rindfleisch, bitte!«, und wie tönt Mozart über dieser verstörten Erde (»Sie werden die Judenmetzig!«)? Auch wollte ich nicht des Landgerichtsrats Meinung über die byzantinischen Mosaiken hören, – ich wollte wissen, ob er einen Synagogenbrandstifter bestraft hatte, bestraft hätte, muß ich ja wohl sagen . . .

Fieber kroch herauf, ich fühlte es, jetzt im Rücken und jetzt an den Schläfen, ich verabschiedete mich frühzeitig, kehrte heim und überstand die lange Nacht; der Tag kam heran, und ich merkte gleich, es wird einer von den besonderen Tagen, an denen Leben und Geschick sich anders noch als sonst auf die Haut schreiben. Das Fieber hat ein Stück unsrer Widerstandskraft aufgezehrt, wir können nicht wählen unter dem, was auf uns zukommt, aber gerade deshalb sind solche Tage fast nie arme und verlorene Zeit. Das Haus, in dem wir wohnen und das uns oft genug nicht mehr ist als eine Anhäufung von Stockwerken und Vorschriftstexten (›Kehrwoche‹, ›Bitte Füße abtreten‹, ›Haustüre schließen‹), nicht mehr als eine Sammlung von Beuteln für Frühstücksbrötchen – plötzlich ist es das Haus des Schicksals, Leben springt aus jeder Türe auf mich zu, ein Panther, ein Feind, ein Verbündeter, ein geliebtes Leben – wie immer. Ich habe mit ihnen allen, die da wohnen, zu tun, ich bin gleichzeitig mit ihnen, ich bin ihr Genosse, ihr Freund: ihr Atemzug trifft mich, und ihrem Herzschlag antwortet mein Herzschlag. Nicht mehr durch diese Wand getrennt sind wir, und was zu anderer Zeit nur eben quälend zu hören ist, das Geräusch der Lichtschalter von nebenan, das Seufzen, die Stöße und Rufe, der Kampf der Worte, die Botschaft der Haßliebe – Lebensäußerungen alle des jungen Musikerehepaars, das mit mir den dritten Stock bewohnt – plötzlich rührt es mich anders an: der namenlose Ernst, mit dem fremdes Leben an eigenes Leben sich lehnt, ist über allem. Plötzlich ist die Kontoristin im ersten Stock nicht mehr der schnippische Untermieter Nummer fünf, sondern das, was sie ja im Ernst zu jeder Stunde ist, sie weiß es oder sie weiß es nicht: ein Leben, das sich erfüllen möchte. Plötzlich ist auch Karl Walker ein wirklicher Mensch, ohne die Maske der Sicherheit, ein betrübter Mann.

Heute also, heute abend werde ich zu Frau Walker hinuntergehen und werde mir die Geschichte zu Ende erzählen lassen, was da Ende heißen mag (»Lieber Herr, wenn das mit dem Kinderwagen –«). Heute, dafür steht mir die eigene Schutzlosigkeit, diese seltsame Schicksalsdurchlässigkeit gut, heute werde ich verstehen, daß diese Geschichte, wie Greuliches auch sie enthalten mochte, in ihrer innersten Lebenskammer Liebe bedeuten wird, jene Liebe, welche die Welt erhält.

Aber an diesem Abend kam Sabine. Welche Sabine? Es sind sieben Sabinen in der einen Sabine. Sieben? Es werden mehr als sieben sein, man kennt sich nicht bis zum Grund, wenn man seit einem Jahr in Arbeitsgemeinschaft miteinander lebt und, unabhängig vom Dienst, zuweilen einen gemeinsamen Abend hat. »Es wird hell im Zimmer, wenn Fräulein Sabine kommt«, das ist die Formel für die eine, ich habe sie zu mehreren Malen gehört, aus dem Mund des Bibliothekdirektors zum Beispiel... »Aber das ist doch das rätselhafteste Geschöpf auf Gottes Erdboden –«: das ist von der anderen Sabine gesagt. Sabine, die Sachliche, Sabine, die Regentin – o, sie weiß zu regieren, an ihrem Arbeitstisch in der Staatsbibliothek zumeist – Sabine, die Übermütige – und sie kennen nur wenige... Noch seltener sieht man Sabine, die Scheue, die Flüchtende... Sähe man auf den Grund, so sagte man vielleicht: Sabine, der Gast.

Von ihrem Lebensgang das Nötigste, so viel, wie ich eben weiß: es ist das, was sich Freundschaft erzählt, Flächenblitze, die eine Landschaft erhellen, Atemzüge im Unverlierbaren. (Die sogenannten lückenlosen Lebensläufe sind etwas für die Polizei, früher hätte man gesagt: für die Familienchronik.) Hier denn: Sabine Berendson, Tochter eines jüdischen Verlegers und seiner nicht jüdischen Ehefrau, Jahrgang 1928, der äußeren Erscheinung nach ganz die Mutter: groß, dunkelblond, helläugig – dem Wesen nach – aber wie sage ich das: dem Wesen nach der Vater, da ich doch von diesem Vater nur aus Sabines kargem Bericht weiß? Sie sprach von diesem Vater, der in Cambridge lebt, wie von einer Gestalt der Legende, um genau zu sein: der Heiligenlegende... Auf gefährlichen Wegen war Sabine, als Arierin getarnt, durch die Hitlerzeit gekommen, die Eltern hatten sich, als keine andere Lösung mehr möglich war, dem Scheine nach getrennt, um der Zukunft dieser Tochter willen. »Bis der Spuk vorüber ist«, hatten sie gesagt – aber dann war die Mutter an einem Apriltag des Jahres 1945 gestorben, gestorben in einem Augenblick, als das Sterben aufgehört hatte, ein persönliches Sterben zu sein (mitverschlungen, mitverscharrt), Sabine war in jenen Wochen verschickt gewesen – Landverschickung hieß man das damals –, es gab keine Nachricht, keine Urkunde, keine Grabbezeichnung und, seltsam genug, auch fast keinen Platz für sie im Gedächtnis der Tochter. Der Vater hatte sich in einem Augenblick, da nirgends mehr Rettung für seinesgleichen zu sein schien, ins Ausland flüchten können. An einem Herbstabend des Jahres 1945 – unvergeßlich alles: Tag und Stunde, Wetter und Himmelsfärbung – lag die Nachricht da, daß er lebe, der englische Stadtkommandant hatte sie übermittelt, es war wie Geburt, incipit vita nuova; hier aber war Sabine, sehr allein, Sabine, der Gast.

Der Gast: ein Mensch, der sich den flüchtigen Dingen befreundet weiß und nie verstehen wird, was Hab und Gut, Riegel und Sicherheit bedeuten sollen. Da ist die Gebärde, mit der sie ihren Lodenmantel an den Nagel hängt beim Eintritt ins Zimmer, es ist, wie wenn sie darauf acht hätte, daß er schnell wieder ergriffen werden könne; da ist der Blick, mit dem sie dem Rauch der Zigarette folgt, blaue Wolke, addio . . . Einen Blumenstrauß mitzubringen, würde ihr hundertmal in den Sinn kommen können, etwas Beständiges, ein Kaktusgewächs etwa – niemals. Und so in all und jedem. Nie wird sie sich mit meiner schönen Schallplattensammlung befreunden können (»Ach, Lieber, deine Konservendosen«), aber für das Abenteuer der nächtlichen Wellenjagd ist sie sehr zu haben. (»Weißt du noch: taktaktaktak, hier ist London, hier ist London, hier ist London?«) Photographische Künste sind ihr herzlich verachtenswert: »Bangemachen gilt nicht«, sagt sie. »Das ist etwas für Leute, die sich an der Zeit festhalten müssen und Angst haben, ihr Gesicht zu verlieren.« Telephonate dagegen, lange Gespräche mit großen Pausen, sind nach ihrem Herzen. »Wunderbar, wie da das Wort an seinen Platz findet, an den einzig würdigen, im Imaginären ganz . . .«
Welche Sabine würde heute kommen?

Sie kam, noch ganz in der Wolke – niemals stört einer den anderen in der Wolke, das ist ungeschriebenes Gesetz der Freundschaft –, legte ihren Mantel ab, bat sich eine Zigarette aus und füllte den Wasserkocher. Dann nahm sie die Teebüchse vom Regal und deckte den Tisch für uns beide, es war wie ein schweigend vollzogener Ritus. Für einen Augenblick, für drei Augenblicke, nur bis das Wasser kochte, streckte sie sich auf der Couch aus. Hier sein, aufgenommen und getragen sein, drei Stockwerke hoch, dreißig Stockwerke hoch, so hoch als die Liebe vermag . . . aber ohne zu vergessen, daß wir unterwegs sind, daß hier eben Station ist. Station für eines Herzschlags Länge, für die Dauer eines Kusses vielleicht. Sie blickte zu mir her: Sabine, der Gast. Und ich weiß: ein Gast. Und begreife mit einem, wohin Sabine gehört. Sie gehört in Frau Walkers Bericht hinein. Noch weiß ich nicht, an welche Stelle. (Ich muß wirklich den Bericht zu Ende hören . . . Heute noch? Heute nicht mehr. Heute ist Sabines Stunde.) Aber an welche Stelle in diesem Bericht gehört sie wohl?

»Wo warst du eigentlich im Sommer 42, Sabine?«

»Im Sommer 42? Da war ich in Offenbach, ein Schulmädchen. Quarta, nein Untertertia schon. Und Anfang September kam ich dann hierher.«

»Hierher?«

»Ja. Der Vater hatte den dringenden Wunsch, daß wir in der großen Stadt untertauchen, meine Mutter und ich. Er meinte, hier gelänge es vielleicht, das, was er sich in den Kopf gesetzt hatte: daß ich durchkomme, unbehelligt. ›Gib acht, es geht‹, sagte er ein paarmal in den Wochen vor der Trennung, und dabei sah er mich an, ich kanns nicht sagen wie. ›Ein Germanenmädchen‹, sagte er. ›Und wenn du das ‹Berendson› nicht mehr führen mußt, gib acht, es gelingt, du kommst durch.‹ Es war beschlossen worden, daß wir den Namen der Mutter tragen sollten. Unheimliche Sache: einen Namen aufgeben. Man weiß nicht, was man damit aufgibt.«

»Aber du verstandest doch damals, was gespielt wurde, lieber Gott, nicht ›gespielt‹ wurde?«

»Ja. Wenngleich . . . doch, ich verstand. Ich wollte zuerst sagen, es sei alles immer noch anders gewesen, als man es aus der Entfernung sieht. Der Vater, du mußt wissen, der Vater liebte Deutschland. Er war Soldat im Ersten Weltkrieg gewesen. Der Vater . . . Ja, so ist es: der Vater konnte nicht hassen. In unsrem Hause lebte man wie auf einer Insel. Den gelben Stern trug der Vater, wie einer eine Auszeichnung trägt. Ich habe den Vater nie zornig gesehen. Nur still. Der Vater – ich will dir die Geschichte mit Rebekka erzählen, dann wirst du verstehen, wie es damals war. Und auch: was der Vater war. Rebekka – aber nein, ich kann das nicht so laut erzählen. Komm! Komm ein bißchen her –.«

Ich setzte mich auf die Couch, Sabine legte die Arme um meinen Hals und begann von neuem, sie sprach im Flüsterton, wie als höre ein Fremder mit im Zimmer, einer, der nicht verstehen dürfe. Ein Fremder? Der Tod vielleicht? Oder der Feind? Oder das Grauen der Welt?

»Rebekka: damals in der Offenbacher Zeit hatte ich Rebekka zur Freundin, es war das einzige Mal, daß ich wirklich eine Freundin hatte, sonst will es bei mir mit den Freundinnen nie so recht etwas werden, sie wollen immer zuviel von einem. Rebekka war die Tochter des Kantors in der Synagoge, und sie sah wahrhaftig aus wie die Rebekka am Brunnen, du kannst dirs schon denken, wie... so nach ›Trinke, so will ich deine Kamele auch tränken‹. Sie war nur ein Jahr älter als ich, aber nein, sie war viele Jahre älter, sie hatte schon ein richtiges Leben. Als die Razzien begannen, da versteckten die Kantorsleute ihr Kind, immer wieder in einer anderen Familie, man hielt gut zusammen, ein paarmal war sie auch bei uns, wir hatten lange Gespräche vor dem Einschlafen, ich habe nicht viel aus ihnen vergessen, sie waren danach. Aber dann plötzlich war Rebekka verschwunden. ›Wo ist Rebekka?‹ Ich fragte es jeden Tag, ich fragte morgens, mittags und abends, ich wußte: die Welt ohne Rebekka ist nicht mehr die Welt. Sie ist verreist, sagte meine Mutter, und das war keine Unwahrheit. Sie *war* verreist, nach Auschwitz, denke ich, in die Gaskammer – aber davon sprach mir die Mutter nicht. Man soll ja die Wahrheit sagen, aber ich verargs ihnen nicht, daß sie mir nicht die ganze Wahrheit gesagt haben, damals. ›Wo ist Rebekka?‹ Ich weiß: ich war mit dem Vater allein im Zimmer und fragte, zum zwanzigsten, zum dreißigsten Mal fragte ich: ›Wo ist Rebekka?‹ Und der Vater antwortete: ›In dir.‹ Und sonst sagte er kein Wort. Es war, als wolle er mir Zeit geben, dies – wie sag' ich? – zu buchstabieren. ›In dir.‹ Und erst nach einer kleinen Pause fügte er hinzu: ›Man verliert die nicht, die man so sehr liebt.‹ Da verstand ich, wie man so als Dreizehn-, Vierzehnjähriges versteht, und ich weiß noch, was ich tat: ich küßte ihm die Hand. Er zog mich an sich. Damals hatte er das mit der Trennung schon bei sich beschlossen, und wenn ich heute an die Stunde denke, dann weiß ich: das alles war damals schon in seinem Blick und in der Gebärde, mit der er mich an sich zog – und in dem Wort. Er lebte um diese Zeit schon wie auf der Flucht; seine Arbeitsstätte war ein kleines Hinterzimmerchen, im Hauptkontor saßen die Treuhänder. Auch für uns daheim war er fast nicht mehr sichtbar, spät am Abend schlich er sich in die eigene Wohnung. Aber der Blick, mit dem er mich damals ansah, der meinte es so: ›Ich verliere dich nicht.‹«

Ich verliere dich nicht. Sabine schwieg. Es war nichts mehr von Offenbach zu sagen und nichts mehr vom Vater. Geschichte löschte sich aus, wie eine Kerze ausgelöscht wird, Gegenwart schlug ihr Antlitz auf, das heilig-mächtige. So könnte es bleiben: das ist ein einfältiges Wort, das einfältigste. Wir dachten es, und jeder wußte vom anderen, daß er es dachte. Aber wir sprachen es nicht aus.

»Du! Noch eine Zigarette, bitte! Und such uns doch eine Musik –.« Ich schaltete ein und ließ den Sucher über die Skala wandern. Funkeuropa gurgelte seine schwerbekömmliche Lauge, aber hier – halt – und auch Sabine rief: »Halt!« – das war Musik, rein vollkommene Nachtmusik, Locatelli oder Cimarosa –. »Was ist das, Sabine? Mozart ist es nicht, es muß früher sein, unbeschwerter –.«

»Ach, laß, Lieber! Nicht Schildchen anhängen! Genug, daß es da ist; daß es so, wie es ist, in der Welt ist, und daß die Welt eine heile Stelle hat zwischen all ihrem Schorf und Eiter. Lange vorhalten wird es nicht, aber es ist doch da –.«

Wer kennt Sabine? Sie hatte sich dem Fenster zugewandt und sah nur zwischen zwei schweren Atemzügen einen Augenblick zu mir her. Dann kam sie auf mich zu, küßte mich noch einmal, doch nun wie im Abschied, und sagte: »Guter, weißt du eigentlich, daß du meines Vaters Augen hast? Ein Grund mehr, manchmal hierherzukommen.« Und dann, mit einer anderen Stimme: »Entschuldige, anderthalb Weibertränen. So was Dummes. Gehen wir noch ein Stück?«

»Gut, Sabine, gehen wir noch ein Stück.«

Wir standen im unteren Hauseingang, ich suchte nach meinem Schlüssel, da wurde die Tür von außen aufgeschlossen, Frau Walker kam nach Hause. Wir grüßten; ich besann mich, ob ich Sabine vorstellen solle, es hatte sich dazu noch nie Gelegenheit geboten – dies, schien mir, war kein unpassender Augenblick – da sah Frau Walker auf, es ging etwas vor in ihrem Gesicht, und sie sagte: »Verzeihen Sie, Fräulein –, und auch Sie, Herr Doktor, müssen verzeihen, aber – Sie heißen Sabine Berendson?«

»Ja.« Es war ein entgeistertes Ja.

»Und Ihr Vater?«

»Mein Vater?« (Aber was ist das?) »Mein Vater lebt – in England ... in Cambridge ...«

»Ihr Vater lebt! Wie gut!«

»Aber –.«

Wir kamen nicht dazu, weiter zu fragen. Da war wieder das Gesicht hinter den Vorhängen, das ich vom letzten Dienstagabend her kannte, und eigentlich kannte ich es so lange schon vor diesem Dienstag. In ein solches Gesicht hinein fragt man nicht: ›Woher kennen Sie mich? Ich habe Sie mit Bewußtsein noch nie gesehen. Und woher kennen Sie meinen Vater?‹ So möchte man wohl fragen. Aber jede Frage ist verwehrt.

Frau Walker hatte unterdessen ihre Glastüre aufgeschlossen. »Gute Nacht«, sagte sie, nickte uns zu und sagte: »Gute Zeit mitsammen.« Dieses »mitsammen« klang uns gut. Wie klingt das, wenn man »mitsammen« sagt zu zweien, die sich ihren Weg suchen. Wir liefen in einen leichten Abendregen hinein, wie behütet fühlten wir uns von diesem »mitsammen«.

»Also hör!« Ich wars, der zu sprechen anfing. »Das ist schon, ich weiß wirklich nicht, was ich dazu sagen soll –. Daß ich an Hellseherei glauben muß, ist noch das Wenigste. Du stehst da für einen Augenblick zwischen Tür und Angel, im Halbdunkel einer Treppenbeleuchtung, und eine fremde Frau sagt zu dir: ›Sie sind Sabine Berendson‹. Und woher weiß sie etwas von deinem Vater?«

»Ja, das mit dem Vater ist mir das Unbegreiflichste von allem. Der Vater war natürlich vor Jahren auch manchmal hier gewesen, zu Verlagsbesprechungen, denk ich, einen Tag oder zwei... Er hatte die Stadt gern, das weiß ich, die Landschaft auch, und deshalb hat er uns wohl dann auch hierhergeschickt, aber wann in aller Welt soll er Frau Walker begegnet sein?«

»Und dann sagt sie: ›Sie sind Sabine Berendson...‹« »Mein Gesicht mag ihr ja freilich nicht ganz unbekannt gewesen sein. Wenn man so offenherzig ein Bild auf die Konsole stellt, wie du das tust, dann kann die Hausfrau, die doch zuweilen in deinem Zimmer nach dem Rechten sehen wird, das Gesicht schon wiedererkennen, zur Not auch im Hausgang bei Nacht. Aber der Name des Vaters – woher weiß sie diesen Namen? Du mußt das zutage bringen. Nein, *ich* muß das zutage bringen. Ich werde meinem Vater schreiben.«

Wie kam ich dazu, zu meinen, ein Brief liege für mich im Briefkasten des Treppenhauses, jetzt, zu später Stunde? Das Licht im Hausgang war in dem Augenblick erloschen, als ich, vom Gang mit Sabine zurückkehrend, die Tür wieder verschlossen hatte. Im Dunkeln war ich meine drei Treppen hinaufgegangen, hatte, wie immer nicht ohne große Traurigkeit, alles Gerät an seinen Platz getan und danach mir die Couch für den Schlaf zurechtgemacht. War da nicht doch ein Brief im Kasten gewesen?

Man kämpft eine Weile mit der Bequemlichkeit, die nicht noch einmal die Treppen steigen will, und holt die Vernunft zu Hilfe, die einem sagt, daß zu so später Stunde keine Post ausgetragen wird, aber plötzlich sieht man sich doch auf der Treppe, bereit, der kleinen Fata Morgana zu folgen.

Keine Fata Morgana. Ein Brief. Ein Brief ohne Briefmarke

und ohne Absender. Ich kannte die Handschrift nicht, die hier meinen Vor- und Zunamen geschrieben hatte, aber noch ehe ich den Umschlag aufschnitt, wußte ich: dies ist ein Brief von Frau Walker.

War ich überrascht? Über die Tatsache, daß sie mir einen Brief schreibt? Über den Duktus der Handschrift, den freien und sicheren Zug? Nein, ich war nicht überrascht. Ich war, als ich neulich jenes »Jetzt« gesagt hatte, dieses gleichsam herausfordernde »Jetzt« – mit Willen und Wissen war ich in den Schacht gestiegen, dessen Name heißt: Das Unerhörte. Ich hatte mich in dieser Sache über nichts mehr zu wundern.

Hier der Brief:

»Lieber Herr Doktor, seit Sie da waren, ist all das, was seit vielen Jahren nicht mehr angerührt worden ist, wieder in mir aufgewacht. Es hat eine Zeit gegeben, in der ich nicht einmal in den Gedanken daran geraten durfte. Aber nun ist es doch fast gut, daß es einmal wieder geschehen ist, und ich will Ihnen noch weiter Bericht geben, mit der Feder geht es ein wenig leichter als mit dem Mund. Denn wenn ich so vor meinem Blatt sitze, habe ich Zeit, zu warten, bis sie noch einmal kommen, verweilen, und dann weitergehen – die Menschen aus diesen Jahren –, und ich denke: solange ich jetzt von ihnen schreibe, und solange Sie von ihnen lesen dann, morgen oder übermorgen, so lange sind sie wieder wirklich da. Freilich, ich weiß: ein richtiger Brief wird es nicht werden.

Ich habe Ihnen ja schon gesagt, daß ich so gut wie gar nichts von den Juden gewußt habe. Erst dadurch, daß ich an jedem Freitagabend diesen ganzen Jammer vor die Füße geworfen bekam, erfuhr ich von ihnen. Und ich begriff, wohin man gehört, und merkte, was man tun muß. Was man tun *müßte*, ich meine: *eigentlich* tun müßte, das habe ich dann bald gewußt. Aber dieses Eigentliche haben wir ja alle nicht getan. Gereicht hat es uns, wenn es gut ging, nur eben zum Tropfen auf den heißen Stein. Es konnte geschehen, daß man von einem Urlauber ein paar Fleischmarken geschenkt bekam, und die teilte man dann auf am Freitagabend, so daß der eine oder andere einen Schnipfel mehr bekam, mehr als das winzige Wenig, das ihm auf die erbärmlichen Lebensmittelkarten zustand. Diese Karten: wenn sie einem so Woche für Woche durch die Hand gingen, lernte man sie lesen wie ein Buch. Da war eine Karte, die unterschied sich von den anderen dadurch, daß eine kleine Zulage, eine Handvoll Graupen vielleicht oder hundert Gramm Teigwaren, erworben werden konnte – aber wie teuer war derlei Bettelbrot bezahlt. Der Mann, dem sie zustand, war in eine Waffenfabrik verpflichtet, schön beschäftigt also mit der Herstellung von Munition. Und wofür brauchte man die Munition? Für den ›Schicksalskampf‹, wie man es nannte. Aber *auch* für die Massenerschießungen, drüben im Osten. Und der, der die Munition hier drehte, der hat das gewußt. Oder zwei Kinderkarten wurden mir über den Tisch hin gereicht. Aber ich sah nicht die Karten mit den vielen leeren Feldern, sondern ich sah die Kinder selbst, das verstoßene Leben. Jedes steht allein in seinem Hinterhof, und keines begreift, warum die Spielkameraden so fremd tun. ›Komm, komm spielen!‹ Und dann die andere Stimme: ›Meine Mutti hat gesagt, ich darf nicht mehr mit dir spielen. Deutsche Jungs spielen nicht mit einem Jundengör, hat sie gesagt.‹ Eines Tages ist eine wüste Zeichnung auf die Schulbank gelegt und ein Wort ist in der Klasse, ein Schimpfwort, ›Schickse‹ sagt man, Kinder sind grausam, und der ›Stürmer‹ am Schwarzen Brett hat längst dafür gesorgt, daß schon die Jüngsten Bescheid wissen.

Und dann ist da der alte Mann, der gar nichts mehr versteht. Er braucht eine ganze Zeit, bis er die Karte in seiner Tasche gefunden und auseinandergefaltet hat. Immer wie erstaunt sieht er umher und halb lächelnd, aber dieses Lächeln schneidet einem in die Seele. ›Deitsch – gutt, deitsch – nix beese‹, sagt er zu mir, in dem Tonfall von Czenstochau, mir treibt es die Tränen in die Augen, und ich sage nicht, was ich denke: deutsch böse.

Lieber Herr Doktor, Sie sagen nicht: die Frau Walker phantasiert. Ich phantasiere nicht, ich sehe nur. Ich sehe sie vor meiner Auslage stehen, ihrer acht und zehn und zwölf. Frauen und Kinder und Greise, die jüngeren Männer sind ganz selten geworden, ich lerne ihre Namen, und aus den Gesichtern lese ich; ob ich das Richtige lese, weiß ich nicht, aber wer lange liest, lernt ja wohl lesen. ›Wie sind sie denn nun, Ihre Juden vom Freitagabend?‹ fragte man mich da und dort einmal. ›Sind sie nicht eben doch eine fremde Herde? Und finster? Und ungepflegt?‹ Fremd? *Auch* fremd, ja. Auch ungepflegt. Aber pflege sich einer ohne genügend Seife, ohne Waschmittel, ohne Spinnstoffe, ohne frisches Leder. Und finster? Nein, finster nicht. Nur traurig. Ich muß an die Kinder denken, die beiden ersten, die an einem Abend für eine halbe Stunde in meinem Wohnzimmer saßen, in ebendem Zimmer, in dem ich neulich mit Ihnen sprach. Ich hatte gemerkt, daß zwei Mütter noch andere Besorgungen zu machen hatten und daß die Kinder schon fast zu müde waren zum Mitgehen. ›Die Kinder können ja hier warten, bis Sie zurückkommen‹, hatte ich zu den beiden Frauen gesagt und dabei die Tür zu diesem kleinen Zimmer geöffnet. ›Setzt euch schön‹, sagte ich zu den Kindern, und dann dauerte es eine ganze Weile, bis ich nach ihnen schauen konnte, man mußte sich sputen in den beiden Abendstunden, damit alle bedient wurden, in den ersten Monaten wenigstens. Später – aber davon erzähle ich Ihnen noch. Endlich gab es einen freien Augenblick, und ich schaute zu den Kindern hinein. Da saßen sie miteinander auf ein und demselben Stuhl und regten sich nicht. Ich schnitt ein Stück Kriegskuchen zurecht, manchmal hatte man etwas dergleichen im Hause, sie sahen mich ungläubig an, als ich ihnen den Teller bot: ›Teilts euch!‹ Die Mütter kamen zurück, die Kinder wurden gerufen, sie gaben mir nicht die Hand, die Mütter nur sahen mich lange an, fast feindselig, dachte ich, ist dieser Blick – aber was wissen wir? Ob sie mir fremd seien, hatte man mich gefragt, die Juden vom Freitagabend. (Aber verzeihen Sie, Herr Doktor, das habe ich ja schon geschrieben, Sie müssen verstehen, daß sich mir die Fäden verwirren.) Ja, auch fremd. Aber am liebsten hätte ich doch, wenn man so mitleidig und mißtrauisch von ›meinen Juden‹ zu mir sprach, geantwortet: ›Ja, meine Juden.‹

Von den anderen Besuchern, die so plötzlich zuweilen auftauchten, habe ich Ihnen auch schon erzählt. Solange sie da waren, sprach keiner von meinen Kunden mehr als das unbedingt Notwendige, aber es gab Freitage, an denen keine Streife des Weges kam, und da redeten sie dann mit mir. Ich habe sie nicht aufgefordert dazu, aber ich habe mich auch nicht taub gestellt. Ich wußte nur: sie müssen einen haben, der zuhört. Auch wenn er nicht helfen kann.

So fing das an. Dann kam die Sache mit dem Einwickelpapier. Frau M. – ich weiß ihren Namen noch, verzeihen Sie, daß ich auch jetzt noch nur eine Abkürzung wähle, damals mußte man immer mit Abkürzungen umgehen – Frau M. war eine von den vornehmsten Frauen aus meiner Freitagabend-Kundschaft und zugleich eine von den herbsten, wenn man hier von ›herb‹ reden kann. Zu einer Zeit, da die meisten Käufer schon fast vertraut mit mir umgingen, redete sie nie ein Wort, das sie nicht unbedingt sprechen mußte, mit mir. Es war so, daß ich ihre Stimme kaum kannte – bis zu dem Tag, da sie mich ganz unversehens dann mit einem richtigen Satz ansprach. ›Meine Schwägerin kommt nachher‹, sagte sie. ›Sie nimmt meine Portion mit. Heben Sie's bitte auf und‹ – sie zögerte einen Augenblick – ›und wickeln Sie das Fleisch da hinein‹, und dabei zog sie ein Stück graues Packpapier aus ihrer Tasche. Ich wollte entgegnen: ›Lassen Sie, es ist nicht nötig – an Einwickelpapier fehlt mir's noch nicht‹, da sagte sie: ›Bitte!‹ Und es war ein so strenges ›Bitte!‹, daß ich nur nicken, das Papier nehmen und zur Seite legen konnte. Die Schwägerin kam nicht an diesem Tag, und das graue Papier lag nach Ladenschluß noch da. Ich nahm es zur Hand und wollte eben nach dem Wunsch von Frau M. das Päckchen zurichten, da entdeckte ich auf dem grauen Papier geschriebene Worte. Ich las: ›Sigi ist fort. Theresienstadt, Block XVII, schreibst du ihm – Grüße M.‹

Habe ich schon erzählt, daß Frau M. beim Hinausgehen sich umgewendet und ›Vielen Dank‹ zu mir gesagt hatte, ganz laut die Worte ›Vielen Dank‹?

Am folgenden Freitag, ich war in Unruhe wegen dieser Sache, kam die Schwägerin. Ich mußte sehr vorsichtig sein an diesem Tag, die Besucher waren da, und ich fühlte mich, man fühlt ja so etwas, mehr als sonst beobachtet. Ich nützte einen Augenblick, in dem die zwei SS-Männer miteinander sprachen, und sagte: ›Ihre Schwägerin hat das letzte Mal ihre Zuteilung nicht mitgenommen. Sie hatte mich gebeten, ihre Portion für Sie aufzuheben. Kommt Frau M. wohl heute selbst? Sonst könnte ich Ihnen noch etwas mitgeben. Ich habe es so notiert.‹ Wenn die Burschen nur nicht auf uns aufmerksam werden, dachte ich – und das Herz schlug mir am Hals. ›Frau M. braucht ihre Portion nicht mehr‹, sagte die Schwägerin ganz rasch, und eine winzige Bewegung der Hand zum Hals hin ließ mich alles erraten; in solcher Sprache redete man damals miteinander. Ich wußte nun: man hat den Mann geholt, die Frau gibt der Schwester des Verschleppten mit einem Satz noch Bescheid, dann geht sie hin und nimmt sich das Leben. Haben die Aufpasser wirklich auch diese Handbewegung der Frau nicht gesehen? Dem Himmel sei Dank, sie haben nichts gesehen! Sie gehen zur Tür und verabschieden sich, wie sie es zu tun gut fanden. ›Juda verrecke!‹ schmettern sie, und dann: ›Heil Hitler!‹

Jetzt denke ich daran, wie merkwürdig es war, daß sie unter sich kaum miteinander sprachen, so als hätte die allgemeinsame Angst sie auch einander entfremdet. Und wirklich sah es zuweilen so aus, als mißtrauten sie sich wechselseitig. Eine Zeitlang hatte ich sogar den Verdacht, an der Verschleppung des Rabbiners sei einer aus ihren eigenen Reihen beteiligt gewesen. Lieber Herr Doktor, man konnte von dem Platz hinter dem Ladentisch aus damals wirklich in die Welt hineinsehen, richtig in die Welt, in der alles vorkommt, das Beste und das Böseste. Der Doktor Ehrenreich wird es auch gewußt haben, daß alles möglich ist, daß man nicht einmal mehr bei den eigenen Leuten ganz sicher sein kann, aber er hätte freilich nichts anderes tun können als das, was er tat.

Ich habe einen Augenblick eine Pause gemacht, die Schreibhand war müde. Ich stand am Fenster, und dabei sind mir die Kriegsnächte wieder eingefallen. So stand man ja damals im Dunkeln und horchte auf den Himmel zu, auf die Flugzeuge in der Nacht. Dann habe ich meine letzten Seiten selbst noch einmal gelesen, und ich merke, daß ich Ihnen noch gar nicht vom Rabbiner gesprochen habe; verzeihen Sie, daß dieser Bericht sich so wie ein krauses Durcheinander liest – für mich war der Rabbiner Ehrenreich die ganze Zeit, da ich schrieb, wieder dagewesen.

Ich habe schon erzählt, wie mich das beschäftigt hat: daß sie untereinander sich kaum etwas mitteilten, und eigentlich ist mir der Rabbiner zuerst dadurch aufgefallen, daß er, er allein, oft genug gegrüßt und auch angeredet wurde. Ich hätte ihn nicht als Rabbiner erkannt, in der Kleidung zum Beispiel unterschied er sich in nichts von anderen älteren Männern. Das Einkaufsnetz, das er bei sich trug, war meist schon schwer, wenn er zur Metzgerei kam. Er hatte alle Lebensmittelrationen für sieben oder acht Menschen zu besorgen, jedesmal. Wie er aussah? Er sah aus wie – aber das wußte ich damals noch nicht, ich kam erst später dazu, richtig in der Bibel zu lesen, und da wußte ich es dann plötzlich, wenn ich im Buch des Propheten Jeremia las –: er sah aus wie der Prophet Jeremia. Meist war es gerade sechs Uhr, wenn er den Laden betrat. Einmal geschah es, die Glocke von der Petruskirche, es war nur noch *eine* Glocke um diese Zeit auf dem Turm, hatte geläutet, und nach dem Läuten gab es für einen Augenblick eine richtige Stille. Da sagte der Rabbiner mit lauter Stimme ein Wort. Ich hörte den Wortklang, aber ich verstand nicht. Später lernte ich diese Worte. Er hatte ›Schalom‹ gesagt, und auf dies Wort hin standen alle, die im Laden waren, reglos still. Dann sprach er von neuem, und ich merkte: das ist nun ein Gebet oder ein Bibelwort, und alle sind mit dabei. Hier ist jetzt ihre Synagoge. Ich verhielt mich ganz ruhig und legte das Messer weg. (Wenn nur jetzt nicht gerade schwarzer Besuch kommt, dachte ich, es wäre nicht gut.) Und da sah ich plötzlich einen, der mit einem bösen, einem wirklich tückischen Blick zum Rabbiner hinüberschaute. Es war ein junger Bursche, der selten einkaufte, meist kam seine Mutter... Er trat an die Kasse und sagte mitten in die Stille hinein ganz laut zu mir: ›Was bin ich schuldig?‹ Ich nannte ihm so leise wie möglich die Summe, er aber legte geräuschvoll und umständlich die Münzen aufs Zahlbrett, laut sagte er: ›Schön gut'n Abend‹ und ging zur Tür hinaus. Die anderen Kunden sahen sich nicht um, der Gottesdienst ging weiter. Ich dachte: so ist das also, auch dort – hier die Gemeinde, und dieser eine ist nicht mehr dabei. Aber wie gut, daß die Schwarzen heute nicht gekommen sind, dachte ich dann noch einmal.

Über acht Tage aber, es war alles wie beim letzten Mal, der schlimme Junge freilich war nicht da, sondern seine Mutter, und auch sonst waren es zum Teil andere Kunden, der Rabbiner spricht die Worte, und ich selbst bin nun auch ganz mit in dem seltsamen Gottesdienst, von dem ich kein Wort verstehe, und so vergesse ich mein Wächteramt – niemand hat mich zum Wächter bestellt, aber betende Leute auf der Flucht muß man doch ein wenig behüten – plötzlich geht die Türe auf, und zwar eben in dem Augenblick, da der Rabbiner eine Segensgebärde macht: die Zuhörer stehen noch in einer Art von Erstarrung, keiner kann rasch genug zurückkehren ins Alltägliche – da sind die fremden Besucher schon im Raum, und diesmal sind sie zu viert. Der Anführer, ein Riese von einem Kerl, ruft: ›Heil Hitler! Was ist denn das? Is' hier Kirche oder ein Judenpuff oder was is' hier?‹ Und gleich geht er auf den Rabbiner zu mit einer drohenden Gebärde:

›He, Mausche! Antwort!‹

Und nun Wort auf Wort.

›Ich bin Doktor Ehrenreich‹, sagt der Rabbiner. (Damals dachte ich es zum ersten Mal: er sieht aus wie ein Prophet.)

›Ein Jud bist du‹, schreit der Riese Goliath jetzt, ›ein Scheißjud bist du. Was tust du da?‹

›Ich bete.‹

›Deswegen kommt dir noch lange keine Wurst zwischen die Zähne.‹

›Ich bete nicht um Würste, sondern um Menschen.‹

›Ihr habts nötig.‹

›Wir haben es alle nötig.‹

›Jeder nach seinem Pläsier. Ich möchte nicht in dein Knoblauchmaul kommen, Jud.‹

›Gott will nicht, daß Sie verderben.‹

Es war ganz still geworden, furchtbar still, und alle sahen zu, die Käufer und die Spießgesellen auch, und mir schien, die Schwarzen seien selbst noch viel erschrockener als die aufgescheuchten Beter.

David und Goliath – das fiel mir auf einmal ein. Und ich dachte: darf die Geschichte jetzt wirklich anders ausgehen als damals? Darf das geschehen, daß nun der kleine ehrwürdige Mann am Bart gerissen und weggeschleppt wird, und daß man nie mehr, lieber Herr, nie mehr etwas von ihm hört und sieht?

Sie können sich denken, mit was für Empfindungen ich dem nächsten Freitagabend entgegensah. Ich besann mich an manchem Tag, ob ich Anzeige erstatten solle, wegen Hausfriedensbruch etwa, aber wie hätte ich hoffen können, Recht zu bekommen. Es gab kein Recht mehr. Doch gab es mitunter Verzögerungen auch im Unheil, und viele unter uns verdanken es einer solchen Verzögerung, daß sie noch leben. Der nächste Freitag ging vorüber, ohne daß die Störenfriede auftauchten, und noch eine ganze Anzahl von Freitagen verlief ruhig. Das waren – später habe ich oft darüber nachgedacht – sehr merkwürdige Wochen. Nach diesem Zusammenstoß nämlich geschah es, daß die Kunden vom Freitagabend anders als vorher miteinander sprachen. Es war, als sei ihnen allen durch dieses Unglück die Zunge gelöst worden. Und – seltsam oder nicht seltsam – auch mit mir sprachen sie nun, anders noch als in den ersten Monaten. Das kleine Wohnzimmerchen, das damals zuerst die beiden Kinder beherbergt hatte, wurde nicht mehr leer, und nicht nur am Freitagabend waren wir dort zusammen. Damals kam mir dann auch das hebräische Buch in die Hand, das Sie unter meinen Büchern entdeckt haben. Eine Arztfrau brachte es mir, als Abschiedsgeschenk, und Sie wissen schon, lieber Herr, was für ein Abschied gemeint ist. Wir haben ein keckes Spiel gewagt damals, es ist wahr. Und auch das wissen Sie nun: es war kein Spiel.

Noch einmal ein neues Blatt. Ich mute Ihnen, Herr Doktor, viel zu, ich weiß, meine Handschrift ist die leserlichste nicht mehr, ganz haben sich meine Augen seit dem Brand von damals nicht mehr erholt, aber nun habe ich Ihnen neulich gleich gesagt, daß es schließlich die Sache mit dem Kinderwagen war, die es zum letzten kommen ließ, und von ihr könnte ich gewiß nicht sprechen, wenn Sie hier mir gegenübersäßen.

Es kam der 16. Oktober, Sie kennen das Datum als den Tag der Zerstörung der Staatsbibliothek, ein Freitag wieder. Es war alles, wie es immer war, ich stand hinter dem Ladentisch, die Käufer reichten mir ihre Lebensmittelkarten, ohne Mißtrauen jetzt und ohne Angst, gebetet wurde nicht mehr seit der Verschleppung des Rabbiners, nur ich selbst sagte manchmal statt eines anderen Grußes ›Schalom‹, ich wußte jetzt gut, was das Wort heißt, und der Angeredete gab mir dann wohl zurück: ›Schalom‹ . . . Das war so unser Sabbat in der Metzgerei . . . Ich hörte ein Auto vorfahren, heftig wurde die Wagentür zugeschlagen, gerade noch ›Gebt acht!‹ konnte ich rufen, schon stand der Goliath da. Hinter ihm eingetreten war ein schmächtiges Kerlchen, das wie fremd in seiner Uniform zu stecken schien. Ich tat, als sähe ich die beiden nicht, doch bemerkte ich gleich, daß der Riese einen höheren Dienstgrad bekleidete, auch auf derlei Dinge hatte man achten gelernt. Man hatte also nicht versäumt, ihn für die Tat von neulich zu belohnen . . . Sonderbar starr blickte der Goliath umher, ich merkte: er war angetrunken. Er zündet sich eine Zigarette an und stößt sie dann brennend einem alten Mann ins Gesicht, ich merke es erst, wie der Gequälte aufschreit. Nun wird es also böse, denke ich, ganz böse wird es nun. Und ich weiß sogleich: jetzt werde ich nicht mehr schweigen können.

›Rauchen ist hier gesetzlich untersagt‹, sage ich und betone das Wort ›gesetzlich‹. Der Goliath blickt zu mir her, er scheint mich in diesem Augenblick überhaupt erst bemerkt zu haben, dann liest er das Verbotsschild, auf das ich mit einer Kopfbewegung gedeutet hatte, und wirklich, er drückt die eben angerauchte Zigarette aus; aber ein schlimmes Lächeln ist in seinem Gesicht. Seinem Nebenmann wendet er sich zu – es war ein alter Richter, längst im Ruhestand – (›Können nicht Sie vielleicht doch noch fliehen?‹ hatte ich ihn neulich gefragt, und er hatte erwidert: ›Nein, ich kann nicht mehr fliehen, ich bin zu alt; und ich will auch nicht, hier wartet mein Grabstein auf mich –‹) und nun sehe ich, wie er dem alten Mann sein Eingewickeltes aus der Hand schlägt. ›Mausche!‹ ruft er – ›nur nicht so viel fressen! Sonst wirst du zu schwer zur Himmelfahrt. Auf Fünfzehnten gehts ab – heidi durch die Luft!‹

Alles blickte auf den Goliath. Nein – zwei, drei Kunden taten, als hätten sie nichts gehört; einer von ihnen trat auf mich zu und gab seine Bestellung an. Ich konnte nicht gleich auf ihn hören, ich mußte zu Frau Zalewsky hinüberschauen. Frau Zalewsky hatte ihre Tasche auf den Boden gestellt, sie zitterte am ganzen Leib. Sie war eine Musikerfrau und stand kurz vor ihrer Entbindung. Ich wußte einiges von ihr. Sie hatte die Kühnheit gehabt, im vierten Monat ihrer Schwangerschaft um die ›Zulage für werdende Mütter‹ zu bitten, um einen Viertelliter Milch und einige Gramm Zucker und Mehl...
Die Kartenstelle hatte ihre Eingabe beschieden mit der Erklärung: ›Ein Judenbankert gehört abgetrieben. Wenden Sie sich an das Gesundheitsamt Abteilung D.‹ Sie verwahrte das Dokument in ihrer Tasche, sie hatte es mir einmal gezeigt. Ich hatte es gelesen, hatte Stempel und Unterschrift betrachtet, auch das Diktatzeichen hatte ich nicht übersehen: selbst solche Sätze kann man einer Sekretärin diktieren, man kann

alles. ›Frau Zalewsky!‹ sagte ich. ›Lassen Sie nur‹, erwiderte die Totenblasse, ›es ist mir gleich wieder besser.‹ Ich wandte mich dem Kunden zu, der noch einmal – völlig unbewegt, wie es schien – seine Bestellung aussprach, der Goliath fing von neuem an: ›Heidi, heida, durch die Luft juchheisassa‹, es war, als wolle er hier einen Tanz aufführen – da ging sein schmächtiger Begleiter, nun selbst ein kleiner David, auf den Fürchterlichen einen Schritt zu, nahm Haltung an und sagte mit halber Stimme: ›Untersturmführer! Sie sind im Dienst!‹
Der Goliath riß seine Augen auf und streckte seinen Arm aus. Es schien ihm unglaubhaft, daß jemand es wagen wollte, ihn zu belehren. Und nun kam es: ›Quatsch! Quatsch mit Pellkartoffeln. Das ist doch direkt nett von mir – nu mach' man keinen Stuß, Beck, will ich dir sagen – direkt nett von mir, daß ich die hier so peu à peu ins Bild setze, wenn sie nächstens durch den Schornstein gehen. Was glaubst du, Beck – die Sara mit dem dicken Bauch, die ist mir – was, Sara? – die ist mir egal dankbar dafür, wenn ich ihr sage, daß sie sich um die Kinderwindeln keine Sorge mehr machen soll, um die süßen kleinen Scheißewindeln –‹
›Untersturmführer!‹ rief jetzt der Junge noch einmal, beschwörend klang es, und er nahm seinen Vorgesetzten am Arm.
›Pfoten weg!‹ schrie der Angetrunkene, jäh böse geworden, ging aber gleichzeitig mit großen, tappigen Schritten zur Tür. Unter der Türe wandte sich der Junge um und rief zu mir her: ›Sie halten den Mund!‹ Ich nickte. Warum soll ich nicht schweigen, da doch die Steine reden werden?
Ich tat schweigend meine Arbeit, und auch um mich her sprach keiner mehr ein Wort. Ich trennte die Wochenabschnitte von den Karten ab und reichte die Ware über den Tisch hin. Es kam mich an – und ich kann es auch heute nach vielen Jahren nicht erklären, warum es damals so über mich kam – weit mehr herzugeben als das, was dem einzelnen zustand. Ich weiß nur noch: als es mir gegen Ende der Verkaufszeit zum Bewußtsein kam, daß ich nun den Verlust

wohl nie mehr würde ersetzen können, da wurde mir leicht und froh zumute. Die furchtbaren Worte waren noch im Raum, aber als ich hinter dem letzten Kunden die Ladentüre zuschloß, da hatte ich ein Gefühl, wie wenn alle Last schon von mir genommen wäre.

Eine Stunde war vergangen, ich saß in meinem Zimmer bei einer Näharbeit, da hörte ich ein Klopfzeichen an meinem Fenster. Ich ging zur Türe, um zu öffnen. Ich bin nicht sehr mutig, lieber Herr Doktor. Ich hatte große Angst. Es war nicht so, wie ich es vorher gemeint hatte, daß die Last von mir genommen sei. Es war noch immer alle Last da. Frau Zalewsky, die Musikerfrau, stand vor mir. ›Sie machen mir einen Augenblick auf, bitte‹, sagte sie. Ich öffnete sofort, Frau Zalewsky war unterdessen noch einmal in den dunklen Seitengang zurückgetreten, nun kam sie wieder und schob etwas vor sich her. Es war ein Kinderwagen. Sie führte ihn ohne Zögern durch die Außentür und dann weiter in das Zimmer hinein – in das Zimmer, in dem ich jetzt schreibe. Dort, wo Sie neulich saßen, an eben der Stelle stand der Kinderwagen an jenem Abend, er steht für mich immer noch da . . .

›Setzen Sie sich doch bitte, Frau Zalewsky‹, sage ich, und sie setzt sich, es war das mühsame Niedersitzen der Hochschwangeren. Dann fängt sie an: ›Der – hat die Wahrheit gesagt.‹

›Der Betrunkene?‹ frage ich. Es soll wie ein Zweifel klingen, aber indem ich meine eigene Stimme höre, merke ich, daß ich meinem Zweifel selbst nicht glaube. Die Welt ist so bös geworden, daß gerade nur eben das Böseste die Wahrheit ist.

›Ja, der‹, sagt die Frau. ›Der Rabbi hat gesagt: ‚Gott hat den Wein geschaffen, daß er den Toren die Zunge löse, die Wahrheit zu sagen denen, die der Wahrheit bedürfen.'‹

Dann: Stille. Ich schaue vor mich hin. Dann wieder die Stimme der Frau: ›Ich habe Ihnen den Kinderwagen da gebracht. Sie waren gut zu mir, all die Zeit. Ich habe gedacht: vielleicht können Sie ihn einmal brauchen, Frau Walker, später, ja.‹ Und wieder: Stille. Dann: ›Ich muß jetzt gehen. Und noch einmal danke für alles. – Wo stellen wir ihn hin?‹ ›Lassen Sie ihn nur‹, sage ich. Ich kann nichts sagen als dieses ungeschickte ›Lassen Sie ihn nur‹.

Unter der Haustüre wandte sich Frau Zalewsky noch einmal um, es war jetzt ganz dunkel, ich sah sie kaum noch, es war nur ihre Stimme noch, aber ich dachte: wie ein Kind des Rabbiners Ehrenreich ist sie, nein: wie aus dem Geschlecht der Propheten. Der Himmel war voller Herbststerne in jener Nacht. Und dann sagte die Frau – und das war das Letzte, was ich von ihr gehört habe, und man behält ja so ein letztes Wort – ganz leise sagte sie: ›Und Gott sprach zu Abraham: ‚Siehst du die Sterne? Kannst du sie zählen? So groß soll –'‹

Ob sie noch mehr sagte, weiß ich nicht, die Nacht verschlang ihre Worte, und sie ging ja auch schon. Ich kehrte zurück in die Stube und sah auf den Kinderwagen. Ich holte die Markenblätter her und klebte eine Weile die Abschnitte auf. Und der Kinderwagen stand vor mir. Er war nicht leer; eine Decke lag drin, ein Kissen und auch ein wenig Kinderwäsche. Wenn es so ist, daß eine, die ihr Kind erwartet, den Kinderwagen hergeben muß, weil man über sie und über das Ungeborene ohne Grund ein Todesurteil gesprochen hat, wenn das in der Welt ist, dann kann es nicht mehr gut werden. Das kommt nicht mehr ins Gleichgewicht. Und eigentlich ist nichts anderes mehr möglich als dies: daß alles gut aufgeräumt wird – im Feuer.

Ich weiß, lieber Herr Doktor, nicht mehr viel von diesem Abend. Wir waren ja in jener Zeit schon immer auch sehr müde, und so ist es gut möglich, daß ich am Tisch eingeschlafen bin über den Klebebögen. Sie waren nachher auch mitverbrannt, und Sie können sich denken, was mir das für Schwierigkeiten gemacht hat. Die Sirenen habe ich wohl noch gehört, aber ich habe sie sicher für etwas ganz anderes gehalten. Warum ich nicht mehr aufgestanden bin, weiß ich heute noch nicht. Und dann kam es so, wie es kommen mußte und wie Sie es ja wohl wissen.

Es ist fast schon wieder Tag, Herr Doktor, ich lese den Brief nicht noch einmal durch; aber ich muß Ihnen ganz zuletzt noch danken, daß Sie mir zugehört haben.

Ihre

Margarete Walker.«

Nein, ich wußte nicht, wie es damals gekommen war. Gar nichts wußte ich.

Ob sie, die Frau, die da von den Sirenen und dem Angriff der englischen Flugzeuge dann überrascht wurde (es war jener Angriff, von dem auf der Tafel in der wiederaufgebauten Staatsbibliothek zu lesen ist), ob sie es für gut befunden hatte, dies alles, was da war, das Haus und sich selbst dem fremden Feuer auszusetzen, ob sie meinte, daß einer in den feurigen Ofen kriechen muß und sich nicht bewahren darf – oder ob sie einfach nur eben zu müde war, um in eine Welt zurückzukehren, in der eine Mutter sich vom Kinderwagen trennen muß – das steht offen, und ich werde die Wahrheit wohl nicht erfahren. Ich werde niemanden fragen; man erfragt solche Dinge nicht.

Auch ist ja dieser Brief und seine Botschaft sich selbst genug.

Das ist die Welt. Das ist die Fratze der Macht. Das sind die Zerrütteten, die Leben, die durch den Fleischwolf gedreht werden. Und das ist die winzige, die wunderbare Möglichkeit des Menschen. Man kann ein Einwickelpapier weitergeben und eine Nachricht darin unterbringen. Man kann zwei Kindern ein Stück Kuchen vorsetzen. Und einen Kinderwagen annehmen, ganz zuletzt – das kann man auch. Eine Stunde Vertrauen, ein Atemzug Frieden. Aber es gibt keine Kirschblütenstraße auf der Welt, die den befreiten Geistern so viel Licht zuwirft, wie nur irgend Licht drang durch den Türspalt dieser Judenmetzig, die Brühwürfel stapelte und oft genug ihrer Kundschaft nichts Besseres anzubieten hatte als sehniges Rindfleisch mit Knochen.

Sabine hatte angerufen. Es waren neun Tage vergangen seit unserem Abendgespräch, wir hatten uns in der Zwischenzeit kaum gesehen; sie war in dienstlichem Auftrag nach Hannover gereist, und ich hatte ihr Frau Walkers großen Brief nur eben noch an den Zug bringen können. Nun rief sie – bald nach Dienstschluß – an. Es war – schon in der Stimme – keine der bekannten Sabinen.

»Der Vater hat geschrieben.«

»Auch – über – Frau Walker?«

»*Nur* über Frau Walker. Du solltest kommen. Bald. Gleich. Heute abend. Es ist wichtig.«

Ich kam. Der Brief von Sabines Vater lag auf dem Tisch bei dem Brief der Metzgersfrau. Sie lagen da wie Schicksalszeichen, getrennte, die doch, weil sie füreinander die Wache halten, sich zusammenfügen. Wer fügt zusammen?

»Von Seite zwei ab alles –«, sagte Sabine.

»Lies mir doch vor!«

»Nein.« Sie schrie es fast, dieses Nein. »Nein. So etwas kann man nicht laut lesen.«

»– und dachte nicht, liebes Kind, dir von diesen Geschehnissen je unmittelbar Kunde geben zu sollen. Ich hatte freilich nicht die Meinung, ich dürfe die Erde verlassen, ohne davon zu berichten. Doch sollte dieser Bericht verschlossen bleiben, bis zu unbestimmter Stunde, ein Testament, du verstehst. Aber nun muß ich ja wohl sagen, was du nicht weißt: daß ich in den Sommermonaten des Jahres 1942 noch für ein paar Wochen in eurer Nähe gelebt habe, daß ich an jedem Tag einmal oder mehr als einmal dich dort gesehen habe. Ich kenne das alles, Sabine: den Weg, den du täglich zur Schule gingst, dort. Morgens vor acht Uhr war ich dort, und mittags nach zwölf, wenn du zurückkamst. Jedes Kleid, das du trugst, kannte ich. Ich sah die gestickte Bluse an dir, die ich deiner Mutter einmal aus Dalmatien mitgebracht hatte, und ich sah, daß mein Kind eine kleine Dame wurde, jeden Tag ein wenig mehr. Dein Gesicht sah ich und die Gesichter der Schulfreundinnen, die dich auf dem Weg begleiteten. Manchmal hörte ich dein Lachen. Ich stand ganz nahe, oft genug, aber niemals habe ich der Versuchung nachgegeben, dich noch einmal anzureden. Ich bedachte die Verwirrung, die das in euer Leben bringen würde, und unterließ, wonach mich so sehr verlangte. Damals fing das Heimweh an, mich auszubrennen. Vierundzwanzig Stunden hat jeder Tag, und in jeder Stunde tut es sein Werk. Es ist sechs Uhr früh und Sabine steht auf. Es ist zwölf Uhr und Sabine geht zu Tisch. Es ist Abend und Sabine schläft ein. Es ist Nacht und Sabine wacht auf. Es ist die Stunde des Gebets und Sabine betet nicht mit mir. Eine Musik erreicht mich und Sabine hört sie nicht. Ein Baum steht im Laub und Sabine sieht ihn nicht. So war das.

Bei Frau Walker hatte ich, wie wir alle, mein Fleisch zu holen, und in der letzten Woche, die ich in Deutschland verbrachte, kam es dazu, daß ich an zwei Abenden mit ihr sprechen konnte. Am zweiten Abend habe ich ihr die Bilder aus meiner Brieftasche gezeigt. Von dieser Frau zu sprechen, ist jetzt nicht die Stunde, ich meine von dem, was wir an diesen beiden Abenden beredeten. Sie hat die Bilder von dir betrachtet, und *wie* sie diese Bilder betrachtet hat, das siehst du an dem, daß sie dich im Hausgang erkannt hat, als du mit Dr. S. (den du grüßen sollst) des Weges kamst. Wir waren alle in ihrem Blick daheim.

Und dann kam der dritte Abend, mein letzter Abend in der Stadt, der 16. Oktober, ich weiß das Datum noch, denn am 17. in der Frühe erreichte mich ja dann das große Wunder, der schwedische Kurierbrief, und er brachte die unerwartete Rettung, von der du Kunde hast. Ich wohnte damals bei G.s, ganz in der Nähe von der Metzgerei Walker. Es gab Fliegeralarm an diesem Abend, und ich blieb zunächst, wie ich es gewohnt war, in meinem Zimmer. Schon mit Rücksicht auf G.s vermied ichs, den Luftschutzraum im Keller des Hauses aufzusuchen, auch war bisher noch nie etwas Böses geschehen. Aber an diesem Abend wurde es ernst. Ich hörte die Einschläge ganz in der Nähe, und mir fiel der Sammelbunker ein, der im Haus schräg gegenüber eingerichtet war, es war ein allgemeiner Zufluchtsort. Dorthin eilte ich, so wie ich war – aber auf der Treppe kehrte ich noch einmal um und holte meinen Mantel. Oft habe ich später denken müssen, wie anders diese letzte Nacht dahingegangen wäre, hätte ich nicht da noch meinen Mantel geholt. Ich wäre wohl unbehelligt in den Bunker gekommen und auch unverletzt wieder nach Hause in meine Kammer, denn es traf in dieser Nacht weder den Bunker noch unser Haus. So aber trug ich den Mantel und am Mantel den Stern; der Luftschutzwart im Sammelbunker entdeckte ihn auf den ersten Blick, gleich unter der Tür – und er verwehrte mir den Zutritt. Es war ein schlimmer Augenblick, ich will nicht mehr an ihn denken. Als ich wieder auf die Straße hinauskam, hatte ein Feuerschein das Dunkel erhellt, Qualm und Brandgeruch drang herzu, und ich ging ihm nach. Warum ich ihm nachging – ich weiß es nicht, ich werde es nie wissen. Die Fliegerabwehrgeschütze waren in Tätigkeit, und man hörte das Summen der fremden Flugzeuge, ich lief auf der Straße – und ich weiß, daß ich halblaut vor mich hin ›natürlich‹ sagte, als ich, um die Ecke biegend, entdeckte, daß es das Walkersche Haus war, von dem der Feuerschein herkam und der beizende Qualm. Der Dachstock brannte, die beiden unteren Stockwerke schienen, soweit man durch den Rauch hindurchsehen konnte, noch unversehrt. In dem Augenblick aber, da ich an die Gartentüre kam, erfolgte ein neuer Einschlag. Ich fiel aufs Gesicht, ich fühlte einen heftigen Stoß gegen mein Kinn, das Blut floß mir aus dem Mund, es tat nicht weh, nur die Augen brannten im heißen Rauch. Du weißt, Kind, wie ungelenk ich bin – aber plötzlich stand ich auf der Fensterbrüstung vor dem Wohnzimmer im Erdgeschoß, ich dachte daran, irgend etwas in der Walkerschen Wohnung zu retten, die Fenster waren bei dem letzten Einschlag zersplittert. Ich sah – in einer Feuerwolke sah ich Frau Walker am Tisch sitzen, ich rief sie an, sie gab keine Antwort. Ich war mit einem Sprung im Zimmer, ich eilte zur Tür, öffnete, da fuhr neues Feuer vom Hausgang herein. Ich faßte die Halbbewußtlose am Arm, wagte die vier, fünf Meter Wegs bis zur Haustür, der Schlüssel, dem Himmel sei Dank, steckte, und es gelang mir, ihn im Schloß zu drehen, wir waren im Freien. Ich war wenig verletzt, aber das Gesicht der Frau sah bös aus, im Feuerschein konnt' ichs erkennen. Ich legte sie fünfzig oder sechzig Schritt entfernt – so weit konnte ich sie mit aller Mühe mehr schleppen als führen – auf eine Bank und deckte sie mit meinem Mantel zu, rechtzeitig hatte ich ein Stück von ihrem halbglostenden Tuchrock abgerissen. Die Bank – ich sah mich um – gehörte zum übernächsten Anwesen, hier war fürs erste für Frau Walker keine Gefahr. Die Stelle, an der sich der Feuermelder in meiner Straße befand, hatte ich mir seit langem gemerkt, man merkt sich ja mitunter so etwas, ich schlug das Glas ein, die Sirene begann zu heulen. Plötzlich fiel mir ein: auf dem Mantel, der jetzt Frau Walker zudeckt, ist ja der Stern aufgenäht, der Stern! Ich kehrte zurück und trennte in aller Eile den gelben Stern vom Mantel. Frau Walker schlug die Augen auf, sie erkannte mich jetzt und lächelte einen Augenblick, aber dann erstarb das Lächeln, und sie sagte: ›Er hat es nicht angenommen.‹ ›Was?‹ fragte ich. ›Das Brandopfer.‹ ›Wer?‹ ›Gott hat es nicht angenommen.‹

Es waren das fast die letzten deutschen Worte, die ich gehört habe, aber du verstehst, Sabine, daß es mich nicht danach verlangte, neue zu hören. Die Feuerwehr war nahe, man vernahm ihr Getön. Sie werden die Verwundete finden, mich braucht sie jetzt nicht mehr.

Ich ging in meine Wohnung zurück; früh vor Tag fand mich der schwedische Kurier, Dr. G. hatte ihm den Weg gewiesen, und er kam mit dem Brief, der die Rettung bedeutete.« – –

»Keine Grüße an Frau Walker«, sagte ich, während ich den Brief zu Sabine hinüberschob, »das ist merkwürdig.«

»Ja, das ist merkwürdig. Aber da walten wohl andere Gesetze.«

Das Letzte. Aber das ist eine von jenen Erfindungen des Lebens, von denen wir sagen: unbegreiflich und närrisch zugleich. Man macht eine Dienstreise, wie sie zuweilen einem fremden alten Manuskript zulieb unternommen werden muß, und abends im Hotel beim Auspacken des Koffers fällt einem ein Zeitungsblatt in die Hand. Man hatte daheim achtlos eine Zeitung von dem Stapel mitgenommen, der im Kellerraum des Hauses Walker modert, man ist müde, zerstreut, und nur froh, daß hier jetzt ein Riegel an der Hotelzimmertür vorgeschoben werden kann und daß die Reisekognakflasche noch nicht ganz leer ist. Da also faltet man das Zeitungsblatt auseinander, und der Blick streift die Anzeigenseite. »Walker« lesen die Augen, und nun erst bin ich bei dem Blatt. Wirklich: »Walker«.

Und ich lese, daß der Metzgermeister Karl Walker die Wiedereröffnung seiner Metzgerei anzeigt. Ich suche nach dem Datum, die Zeitung ist sieben Monate alt. »ff Fleisch- und Wurstwaren, Schlachtschüsseln«, stand zu lesen. Und an der Seite fand sich, seltsam verloren im Raum, eine Bibelstelle »2. Mose 3, 2«. Wie nachträglich noch eingefügt nahm sie sich aus oder wie von einem flüchtigen Setzer an die falsche Stelle gerückt. Denn was soll eine Bibelstelle hier? Wenn sie in die Todesanzeige eines Christenmenschen eingefügt wird, so ist das gleich verständlich, aber wie reimen sich Schlachtschüssel und Zweiten Mose drei?

Die Schriftstelle: ein Bibliothekar muß wissen, daß mit dem Buche Exodus die Mosegeschichte beginnt, und wenn er bibelfest ist, weiß er, daß im dritten Kapitel Moses Berufung erzählt wird. Aber wie lautet die Stelle selbst, und was, wenn sie wirklich nicht versehentlich hier steht, soll sie bedeuten?

Es ist dreiviertel zehn Uhr abends. Soll ich die Hotelleitung noch um eine Bibel bemühen? Sie wird, fürchte ich, alles haben, alles, nur keine Bibel. Ich nehme den Hörer von der Gabel und bitte die Telefonzentrale unten im Haus, mich mit einem der Pfarrämter der Stadt zu verbinden. Es ist Freitagabend (Frau Walkers Tag, geht es mir einen Augenblick durch den Sinn), und dreiviertel zehn Uhr, das ist keine unschickliche Zeit für einen Anruf: der Herr Pfarrer wird in seiner

Stube sein und an der Sonntagspredigt arbeiten, da hat er die Bibel gleich bei der Hand.

»Ihre Anmeldung, bitte.«

Ich nenne meinen Namen und mein Begehr. Eine Bibelstelle erbäte ich.

»Einen Augenblick, bitte.« Die Stimme des Pfarrers ist ruhig und nur wenig erstaunt. »Ja. Hier. Die Stelle lautet: ›Und Mose sah, daß der Busch mit Feuer brannte, und ward doch nicht verzehrt.‹«

»Und ward doch nicht verzehrt.« Ich verstand: hier war eine Frage, lange im Schweigen gestellt, und eine Antwort, langsam begriffen.

Die Frage: ob da einer ist, der die furchtbare Schuld der Zeit aufrechnen könnte gegen das wilde Opfer einer Metzgersfrau, gegen diese Bereitschaft, die in den feurigen Ofen kriecht?

Aber der eine, der hier aufrechnen könnte, der wird sagen, daß ihm solche Opfer nicht gefallen, daß er nicht »Lust hat am Brandopfer« und am »Fett von den Gemästeten«, sondern am geängsteten Geist und am zerschlagenen Herzen. Und wird sagen – und das wird die Antwort sein: daß sie alle, auch er, der Mitwisser nun, auch Sabine, die wunderlich Hineinverwobene, und Sabines Vater, der gerettete Retter – bewahrt sind zu anderem Dienst. In dem Brandmal freilich auf dem Gesicht der Frau soll es aufgerichtet bleiben, das Zeichen, und anders nicht zu lesen denn als ein Zeichen der Liebe, jener Liebe, welche die Welt erhält – –

»Ist sonst noch etwas?«

Ich habe vergessen, daß ich den Hörer noch in der Hand habe. Undeutlich höre ich eine Stimme.

»Sie sagen – Verzeihung?«

»Ist sonst noch etwas?«

»Sonst? Nein. Sonst nichts. Ich danke Ihnen. Ich danke Ihnen sehr. Gute Nacht.«

Notiz

Man hat mich aufmerksam gemacht auf einige sachliche Unrichtigkeiten, die mir unterlaufen sind, und eine davon muß hier genannt werden: der Befehl, den ›Stern‹ zu tragen, wurde nicht im Jahre 1938, sondern erst 1941 erteilt. Man wird es verstehen, wenn ich trotzdem nichts ändere am Text dieser Erzählung, die – ob sie gleich auf freier Erfindung beruht – niemand eine »frei erfundene« Geschichte nennen wird, eher ließe sich von »gebundener Erfindung« sprechen. Für die Weise einer Betrachtung, bei der Trauer und Scham die Windfackel halten, rücken Zeiten und Fakten zueinander, wie auf den Bildern von Marc Chagall Dimensionen und Konstellationen sich verschieben, ohne deshalb ihre Wirklichkeit zu verlieren.

Stuttgart, im Januar 1955   A. G.

Der schwere Herrenstoff

Auf die Prophetie war die Rede gekommen. Sie ist nicht so sehr Weissagung von Einzelheiten, sie ist ein Vorgefühl für das Kommende, und gerade so hat sie zu Israel gehört, auch zu jenem verborgenen Israel, das damals, als es noch ein Israel unter uns gab, uns zuweilen nahe kam, wenngleich nicht ganz nahe: etwas Unnahbares gehört ja allezeit zum Rang des prophetischen Lebens.

Ich hatte die Geschichte von dem reichen polnischen Magnaten erzählt, dem alten Salomon B., der den Besuch seines Enkelsohnes bekam, das war 1925, und Herr Hitler stand noch ziemlich weit von den Toren entfernt. Ein kostbares Stück Tuch lag da, ein schweres, brokatenes Tuch, und die Augen der schönen, jungen Enkelfrau gingen darüber hin, wie nur je Frauenaugen über Brokattücher gehen. Es war finster im Zimmer, und dunkel war der Glanz der großen, goldenen Leuchter, der siebenarmigen. ›Ein schönes Stückchen Tuch, wie?‹ – so ließ sich plötzlich der alte Mann vernehmen – ›nimm Dir's mit, Kleine, nimm Dir's mit! Wirst's brauchen können – für einen Bettelsack –‹ Nie konnte ich die Abendstunde vergessen, so hat der Enkel später berichtet, nie das bange Lachen des alten Mannes, der selbst dann als Bettelmann gestorben ist.

Da sagte die alte Dame: ›Vom schweren Tuch weiß ich auch eine Geschichte.‹ Sie sah uns nicht an, während sie nun erzählte; ich konnte mir schon denken, wohin sie blickte... auch sprach sie mit einer etwas heftigen Stimme, und der Arzt, der Jüngste in unserer Tischrunde, mußte eingangs ein wenig lächeln, ich sah es wohl. Aber dann lächelten wir alle nicht mehr, denn das, was die Dame erzählte, das war wie aus dem Buch der Legende, und war doch geschehene Geschichte; geschehen im Jahre 1939, wenige Wochen vor dem Ausbruch des Zweiten Weltkriegs.

›Es war in Breslau‹ – so erzählte die Dame – ›und es kam
mich der Wunsch an, mir ein wirklich gutes – nein: ein ele-
gantes Kleid machen zu lassen. Ich ging in das beste Stoff-
geschäft der Stadt, das früher jüdische Besitzer hatte. Der ehe-
malige Inhaber, so hieß es, sei an irgendeiner Stelle im Geschäft noch tätig. Ich äußerte meinen Wunsch, und der Ver-
käufer mühte sich um mich; die schönsten Seiden- und Samt-
stoffe wurden herbeigeschleppt. Plötzlich aber stand der ehe-
malige Besitzer, ein kleiner, buckliger, alter Mann vor mir;
ich weiß nicht, wie er so mir nichts, dir nichts aus dem Hinter-
grund hergekommen war. Er wischte mit einer Handbewegung
alle die Pracht zur Seite, holte einen schweren Herrenstoff
vom Regal herunter und sagte: ›Gnädige Frau, nehmen Sie
dies. Und ich sage Ihnen: Sie werden denken an einen kleinen,
alten Mann in Breslau, der Ihnen einmal zu diesem Stoff geraten hat.‹
Ich war sogleich in einem seltsamen Zwiespalt. Es verlangte
mich durchaus nicht danach, wieder, wie schon manchmal in
diesen Jahren, einen kräftigen Stoff zu tragen; der Sinn stand
mir ausdrücklich, ich sagte es schon, nach einem eleganten
Kleid. Aber die Redeweise des alten Mannes, dieser merkwürdige Beschwörerton tat mir's an, und so sagte ich denn nach
einigem Besinnen: ›Gut. Gut. Packen Sie mir von diesem
Stoff – wieviel brauch ich? – packen Sie mir's ein. Und die
Zutaten auch.‹
Man schnitt mir die Stoffe zurecht, rollte alles zusammen,
und ich verließ das Geschäft, mein Paket unterm Arm. An
der Türe stand, mich verabschiedend, der alte Mann, und er
sagte, mit den gleichen Worten wie vorhin fast, und im
gleichen Tonfall: ›– – und Sie werden denken an den kleinen,
alten Mann in Breslau, der Ihnen zu diesem Stoff geraten
hat.‹
Sechs Jahre gingen hin. Es kam einer von den großen Luftan-
griffen auf Wien. Rasch, rasch mitten in der Nacht mußte
man zusammenpacken, das Mädchen hielt die Hand so um die
Kerze, daß kein Lichtschein nach außen drang. Ich stand vor

meinem Schrank und suchte nach dem Nötigsten. Und dann nahm ich keines von den schönen, leichten Kleidern mit, sondern ich nahm das Kleid, aus schwerem Herrenstoff geschneidert, und ich hörte die Stimme, wie von weit her: ›Und Sie werden denken an den kleinen alten Mann in Breslau –‹

Das Löffelchen

Martin Buber
dem Lehrer, dem Vater, dem Freund

I

Leib schreit.

Damals, als er ganz zuletzt noch auf den Wagen geklettert war, katzenbehend, da war er stumm geblieben. Leib – das war sein Name; damals waren es die anderen, die ihn riefen: eine Männerstimme, gellend-hell, oben vom Lastwagen aus, und fast gleichzeitig aus hundert Schritt Entfernung vom Gehweg her eine Frauenstimme: Leib: klein und schmächtig, zwölf oder dreizehn Jahre alt, ein Bürschchen, dem das schwarze Haar über die Stirne hereinhing: das war Leib. Wie einen Fahrradschlauch hatte er sich einen Mantel um Hals und Schulter gebunden, Stefans Mantel. Das blaue Bauernhemd ging ihm bis über die Hüften, aber durch die Kordel, die fest geschnürt war, glich es einem militärischen Kleidungsstück; kleiner Soldat Leib, Sommeruniform tragend mitten im ukrainischen Winter. Dort, wo das Seitengewehr seinen Platz haben müßte, steckte ein Löffelchen, das Winterlicht vom frühen Nachmittag fiel auf das silberne Löffelchen. Nur einen Augenblick lang waren da Blitz und Glanz; dann war der Junge im Wagengehäuse verschwunden. Fünf Uniformierte aber sah man da oben stehen, sie trugen Wintermantel, Tschako und Maschinenpistole. Wer sonst noch auf der Ladepritsche kauern oder liegen mochte, wußte man nicht, auch den, der von da oben her dieses »Leib!« gerufen hatte, sah niemand.

»Oho, Sprache wiedergefunden?«: das war die Stimme des Gelben, der vorn auf dem oberen Trittbrett stand und von dort aus in den Wagen hineinsehen konnte. Dann kam eine Pause und dann eine Zahl, triumphierend kam »Siebzehn!« Siebzehn, das war die Beutezahl, der Knabe Leib war der Siebzehnte. »Fahr zu!« sagte der Gelbe, während er vorn im

Führerhaus sich selbst die Türe zuschlug, und dann fuhren sie in den Wald von Berditschew, und für die Siebzehn da oben war es die Fahrt ohne Wiederkehr.

Damals war er ganz still, der kleine Leib. Aber jetzt, nach zwanzig Jahren – wahrhaftig: gerade zwanzig Jahren! – jetzt schreit er.

Was soll man tun, wenn einer unten vor der Haustüre steht und mit seinem Arm oder seinem Mantel die Klingel streift, und es ist Sturm, und er hört den Summton nicht? Dann muß man ja wohl aufstehen, mitten in der Nacht, das Fenster öffnen und hinunterrufen: Gehen Sie doch einen halben Schritt zur Seite, Herr Zeitgenosse, Sie wecken ja das ganze Haus noch auf! Aber hier ist mit einem halben Schritt nichts getan.

Ich weiß nicht, ob er zu schreien aufhört, wenn ich von ihm spreche. Von Stefan hätte ich nichts mehr gesagt und auch von der Matka nichts. Ich bin nicht für das Schweigen um jeden Preis und nicht für das Reden um jeden Preis; für beides nicht. Aber bei Stefan und bei der Matka hätte ich mir, vieles erwägend, zuletzt doch wohl gesagt: wo sind sie besser aufgehoben als im schweigenden Gedächtnis von einem, der, solange er selbst lebt, ein paar Atemzüge ihres Lebens in sich bewahrt und der so auch einen namenlosen Tod – wie sag ich? in eine Handvoll Dankbarkeit verwandelt... nein, keine Feierlichkeit: nur dies: daß man im eigenen Leben ein paar Dinge tut oder nicht tut deshalb, weil einem während der anderthalb Winniza-Jahre ein jüdischer Handwerker ein paarmal in den Weg gelaufen ist. Von Stefan weiß ich ein wenig, und die Matka ist in Stefan aufgehoben. Aber der Junge, das Jüngelchen – ›mein Jüngelchen‹ hat Stefan ihn genannt –, er will noch einmal ins Leben zurück. Beschreiben freilich kann ich ihn kaum: ich habe ihn nur zweimal gesehen; am Vorabend des schwarzen Tages und dann in diesem Augenblick der Abfahrt – und da nur von ferne; aber Beschreiben ist eines und Herbeirufen ein anderes.

Es war purer Zufall – wie man so von purem Zufall spricht –, daß ich an jenem turbulenten Tag gerade in diesem Augenblick an den Haupteingang unsres Lazaretts kam; wir waren den halben Tag bald da, bald dort auf den Stationen: ich war gleich nach Tisch ins Haus B, auf die chirurgische Station hinübergegangen und war dort längst nicht fertig, fertig wurde man nie; aber dann hatte mich Wels, der kleine Franziskaner, telefonisch suchen lassen und mir von einem Sterbenden auf der Inneren Abteilung berichtet, und zu ihm – die Abteilung war im Haupthaus untergebracht – wollte ich ohne Verzögerung: so wurde ich für die letzten zwei Minuten noch Augenzeuge des Raubmordes. Ich sage »Raubmord«, weil ich nichts von den Tarnbezeichnungen halte. Den Schuß hatte ich von der Ferne gehört; schon dieser Schuß war ganz ungewöhnlich, man schoß nicht in unsrem Krankenhausbereich; es war, wie ich nachher erfuhr, ein simpler Platzpatronenschuß gewesen, der Einsatzleiter – oder sagt man Aktionschef?, der Erzschurke also schien derlei Überraschungen zu lieben; nun, da ich näher kam, sah ich den Lastwagen und auf dem Gehweg rechts zwei Schwestern und einige Zivilisten; die eine Schwester war damit beschäftigt, einer von den Frauen ein Taschentuch in den Mund zu stopfen, aber das »Leib!« drang noch so durch die klare Winterluft. Ich ging auf den Eingang zu, unter der Türe stand Doktor Jarisch, der Augenarzt. »Was gibt es denn hier, Herr Jarisch?« fragte ich, ahnungslos fragte ich so. Doktor Jarisch sah mich an, es hatte den Anschein, als wolle er zu einer Erklärung ansetzen, aber dann kam nur ein »Tschuldigung«, mit dem er sich abwandte. Er ging fünf, sechs Schritte beiseite und erbrach sich dort. Wie, was ist das? Ich zögerte einen Augenblick; aber wegen des Sterbenden, zu dem man mich gerufen hatte, mochte ich mich dann doch nicht aufhalten; ich ging ins Haus hinein.

Was war hier geschehen? Im Vorraum schien alles seinen alltäglichen Gang zu gehen. Es befanden sich hier die Plätze für die Telefonvermittlung und für ein paar Krankenblattschreiber, und auch der Posttisch war hier, an dem zur Zeit eine neue Schwester, Schwester Ulrike, auszuhelfen hatte. Ihr Platz war leer. Große graue Säcke lagen noch ungeöffnet auf dem Boden, an der Seite waren gut zwei Dutzend Päckchen aufgestapelt, man schrieb den 20. Dezember, stürmische Zeit für die Feldpost war das: die Heimat denkt an ihre Krieger. Aus den beschädigten Sendungen kam der Duft von Tannenzweigen, der Spessart kam in die Ukraine, der Schwarzwald, die Eifel, der Westerwald, o du wunderschöner Westerwald, dazu Lebkuchen- und Christstollenduft, Geruch von Liebe und Mühe, Mandelessenz und Margarine.

»Hier Vermittlung... ich rufe Station E, – Stabsarzt Jessen kommt – Bitte, geben Sie mir Schwester Magda – Nullsiebendreizwoeins«: das waren die Geräusche jeder Stunde des Krankenhaustages hier; sie waren auch jetzt nicht unterbrochen.

Auf der linken Seite des Vorraums lag, nur notdürftig von dem Durchgangslärm geschützt, die Schreibstube. Ich sah durch das kleine Glasfenster hinein, Hauptfeldwebel Hirzel saß an seinem Tisch, er schaute auf ein Blatt, doch, wie mir schien, ohne wirklich zu lesen. Der Platz ihm gegenüber – es war der Platz des Schreibstubengefreiten – war leer; auf dem Hocker aber vor der Schreibmaschine saß, das Gesicht halb zur Seite gewandt, Doktor Wieland, der Chefarzt des Hauses.

Er trug, wie gewöhnlich, Feldbluse und lange Hosen; die Reitstiefel, die den Sanitätsoffizier betonen sollten, waren ihm in der Seele zuwider. »Ich bin Chirurg und kein Herrenreiter, will ich Ihnen flüstern«: so konnte er sagen, wenn ihm jemand forsch und schneidig in die Quere kam. Aber das geschah selten. – Jetzt saß er da auf dem Hocker und blickte vor sich hin. Sein Koppel lag auf der Schreibmaschine, und die zwei oberen Knöpfe seiner Feldbluse standen offen... Es muß etwas stattgefunden haben. Er war nicht ohnmächtig – und war auch nicht schneeweiß im Gesicht wie Stabsarzt Jarisch draußen, das fiel mir jetzt erst ein, es gewesen war; das nicht.

Aber – *was* war hier geschehen? Ich überlegte, ob ich nicht einfach fragen müßte. Aber dann schien es mir doch durchaus unschicklich, jetzt einzutreten. Ich wandte mich um, entschlossen, unverzüglich nun meinem Besuch auf der Station zu machen. Die Krankenblattschreiber schauten von ihrer Arbeit nicht auf; aber dann war es der Gefreite an der Telefonvermittlung, der meinen fragenden Blick gespürt haben mußte. Er kehrte sich mir zu und sagte: »Sie haben Stefan abgeholt.«

II

Ich muß erzählen, wie wir an Stefan kamen. Wir kamen an Stefan, weil wir ihn brauchten, und hielten es in der Folge für einen rechten Glücksfall, daß wir gerade an ihn gekommen waren. Im Juli 42, als sich hier die Zustände stabilisierten und die Hauptkampflinie tausend Kilometer weiter östlich verlief, waren uns die vier Häuser einer landwirtschaftlichen Hochschule für unser Kriegslazarett zugewiesen worden. Der Chef machte mit seinen Verwaltungsbeamten mehrere Rundgänge durch den ganzen Komplex; zuletzt hatte er, in Erinnerung an das Elend des ersten russischen Winters – er gehörte damals zu einem Feldlazarett –, nicht ohne Sorge entschieden: »Alles eine Heizungsfrage. Finden wir jemand, der sich auf das System dieser Zentralheizung versteht, es ist simpel und durchtrieben zugleich, wie das meiste hier, und der die abscheuliche Kriecherei nicht scheut, die nötig werden könnte – Labyrinthe sind das ja, meine Herren –, ich meine so einen Lötlampenfachmann, der das zweite Gehör hat, wenn da wo was einfriert – und das friert hier ein, die – mit Verlaub – Scheiße in Poltawa ist mir noch in bester Erinnerung... finden wir jemand, all right, finden wir niemand, dann gute Nacht. Ehni, nehmen Sie, was Sie wollen, aus Ihrer Marketenderei, nehmen Sie Zigaretten, Wodka, Schokolade, Feuerzeuge – aber treiben Sie uns einen Mann auf! Nehmen Sie die Marulla mit, die dolmetscht Ihnen das Blaue vom Himmel – und hübsch ist sie auch, tz tz tz, lachen Sie nicht, eine Attraktion für den Heizer, wenn er kommt, *wenn* er kommt ...«

Zahlmeister Ehni hatte sich umgehorcht da und dort und dort; es war nun schon Anfang September geworden, lange durfte man nicht mehr zuwarten, der Winter konnte früh kommen. Schließlich fand sich eine Spur: der Jude weiß Bescheid, der kennt sich aus. Gut – und wo wohnt der Mann? Da und da. Also, keine Zeit verlieren; man geht zu Fuß und nicht gerade am hellen Tag dorthin, Marulla begleitet. Aber was hilft eine Dolmetscherin, wenn der andere nicht verstehen *will*? Herr meines Lebens, *schweigen* können diese Auserwählten ... was sie da einem vorgelogen haben von wegen Rabulistik und so ... die Wirklichkeit, diese Wirklichkeit wenigstens ist anders. Und meine Lockspeisen, Wodka, Zigaretten: nicht angeschaut hat sie der Mann. Sie stehen, nur gerade so zu dritt, in der Stube, das Gespräch kommt nicht in Gang. Dunkles Zimmer, dunkle Schatten über dem Gesicht des Mannes. »Aber Sie verstehen sich doch auf solche Anlagen, Herr –?« Da, hinter der zweiten Tür plötzlich eine Kinderstimme – und gleich darauf ein Frauengeflüster, eine Beschwichtigung pst! ›Pst‹ denkt Ehni, das ist also international. Und dann, zur Marulla gewandt, rasch kombinierend: »Frag ihn, ob er denn nicht Schokolade für seine Kinder wolle ...« Bei dem Wort »Kinder« zuckt es im Gesicht des Mannes, einen winzigen Augenblick nur – und das nicht erst, als Marulla übersetzte, sondern schon gleich bei Ehnis Frage. Aha, er versteht also mehr, als man denkt: mehr jedenfalls, als er bis jetzt erkennen ließ. Nun, dann also direkter: »Könnten Sie nicht wenigstens einmal kommen und dann einen von unsren Leuten einweisen?« Ehni denkt an den Obergefreiten Raible; der ist zwar kein Heizungsfachmann, aber ein Pfiffikus. Und denkt: hab ich diesen Mann erst einmal bei uns im Haus, vielleicht, daß er dann doch bleibt.

»Einmal kommen? Wann?« Gleich, denkt Ehni, jetzt gleich; das Eisen schmieden, solange es heiß ist. »Gleich jetzt?« Er will eine dritte Tafel Schokolade zu den zweien, die schon auf dem Tisch liegen, hinzutun, aber da ist wieder die Abwehr auf dem schmalen, dunklen Gesicht und ein fast tonlos zu Marulla gesprochenes Wort – und Marulla dolmetscht: »Es sei genug, sagt er, er wolle nicht mehr.« Und dann gehen sie, anfangs nebeneinander, drüben im Kommandanturviertel jenseits des Bug bleibt Ehni ein paar Schritte hinter den beiden. Wir gehen am besten gleich zum Chef; vielleicht gewinnt es der Chef.

III

»Herr Oberstabsarzt« hieß das in der militärischen Hierarchie, aber daran war Doktor Wieland wenig gelegen. Andere Verbände nannten ihren Einheitsführer den »Alten«; niemand wäre bei uns darauf gekommen, vom »Alten« zu sprechen. »Der Chef«: das war Titel genug und galt auch noch in der Kasino-Mitternacht, wenn der lebensgewaltige Mann mit allen zehn Fingern einen Song auf den Tisch klopfte: »Man müßte Klavier spielen können, wer Klavier spielt, hat Glück bei den Frau'n ...« Er war jemand, und er wußte, daß er jemand war, und wer mit ihm zu tun hatte, wußte es bald ebenso. Das galt für die Hamburger Klinik und galt auch jetzt. Eine Siegernatur also? Vielleicht. Aber wer sieht die Wege, die dem Sieg vorausgehen; die Mühe – wer?
Er hatte gerade an diesem Tag von zu Hause eine Nachricht bekommen, die ihn sehr verstörte. In der verschlüsselten Schreibweise, die damals gang und gäbe war, wenn man sich die Wahrheit mitteilen wollte, hatte seine Frau ihn wissen lassen, daß es am Grünensträucherweg eine unerwartete Bewegung gegeben habe wegen der plötzlichen Abreise von Dr. S. M.: woraus für den Empfänger des Briefs zu entneh-

men war, daß man in der Rothenbaumchaussee einen jüdischen Internisten ›abgeholt‹ hatte und daß die Umgebung sich also immerhin doch empört habe über diesen Zugriff der Staatspolizei.

Dr. M. Sie hatten sich zwei, drei Jahre lang nur telefonisch gekannt, dergleichen gibt es ja in einer großen Stadt unter Berufskollegen oft genug; dann war es zu ein paar unmittelbaren Begegnungen und zu einigen persönlichen Gesprächen gekommen, zuletzt war etwas wie Freundschaft entstanden. Dr. M. lebte schon lange vor dem Jahr 33 ganz zurückgezogen, man sah ihn nie im Theater und nirgends in der Gesellschaft. »Das hat nichts auf sich«, konnte er sagen, wenn man ihn auf diese strenge Askese ansprach, »entschuldigen Sie« – dieses »entschuldigen Sie« kam oft bei ihm vor im Gespräch, es war eine heiter vorgebrachte Bitte – »das Instrument muß greifbar sein.« Er war immer zur Stelle; eine halbe Stunde Musik am Abend, das war alles, was er sich zur Entspannung gönnte. Seine Praxis, eine vielbesuchte Internistenpraxis, hatte auch nach dem Jahr der ›Machtergreifung‹ zunächst nur wenig Einbuße erfahren, Dr. M. war Frontoffizier des Ersten Weltkriegs gewesen, das schützte ihn eine Zeitlang vor dem Zugriff der Rabauken. Eine Einzelheit aus seiner Sprechstunde lief gerüchteweise um: er habe die Gewohnheit, seine Patienten zu bitten, sich ganz zu entkleiden, auch wenn sie ihn wegen einer Stirnhöhlenerkrankung oder einer Kniegeschwulst halber konsultierten. Natürlich brachte ihm das mit Hilfe der Sudelpresse später dann die üblichen Verdächtigungen ein; die Patienten freilich hatten hierüber ihre eigene Meinung. »Es sei, als schaue einen ein anderer an –«: Doktor Wieland erinnerte sich gut an diesen Ausspruch eines Patienten, der ihm von Dr. M. zur Weiterbehandlung überwiesen worden war; dieser Patient war Syndikus in einem Vulkanisierwerk, kein lyrischer Flachskopf; was brachte ihn dazu, in diesem Zusammenhang von Gottvater zu reden? Bei seinem Konsiliargespräch waren die beiden Ärzte dann übrigens, ganz beiläufig nur, auf diese Übung zu sprechen gekommen. »Ach, das?« sagte der Internist fast schüchtern, »das hat nichts auf sich. Es ist nur: vielleicht fällt einem dabei etwas ein.« Weiß der Himmel, dem *war* etwas eingefallen. Wenn man ihn sah, begriff man, wie es gemeint ist... verstand man, was das ist: Arzt. Und nun ist er also »verreist«. Dr. M. zur Zeit verreist.

Der Oberstabsarzt hatte sich in das kleine Chefzimmer neben dem Operationssaal Kaffee bringen lassen, es ging schon auf sechs Uhr. »Eine halbe Stunde, wenn es möglich ist, keine Störung.« Nun war diese halbe Stunde vorbei, und Lemmen, der Operationsgehilfe, der wie ein Zerberus über den Ruhepausen seines Chefs zu wachen wußte, meldete Zahlmeister Ehni.

»Herr Oberstabsarzt, ich bringe Ihnen einen Mann für die Heizung.«

»Ehni! Junge, ich gebe Sie zum Kriegsverdienstkreuz ein, wenn der Mann was taugt! Her mit ihm!«

Ehni sagte rasch das Nötigste, dann wurde der Ukrainer mit Marulla hereingerufen.

»Sie verstehen Deutsch?«

»Ein wenig.«

»Und ich kann ein wenig Russisch. Also karascho.«

»Karascho.«

»Sie haben Kinder?«

»Einen Jungen.«

»Ich auch einen Jungen. Gut. Karascho.«

Und der Angeredete respondierte, wenngleich zögernd und ganz leise: »Karascho.«

Dann kam eine Pause. Plötzlich sagte der Chef: »Bitte, Herr Zahlmeister, gehen Sie doch mit der Dolmetscherin zur Oberschwester und klären Sie diese Sache mit dem Waschmädchen...«

Das war reiner Nonsens; es gab keine Sache mit dem ukrainischen Waschmädchen, die zu klären gewesen wäre. Aber Ehni verstand sofort, daß der Chef die Dolmetscherin, ohne daß es auffiel, aus dem Zimmer haben wollte: zwei Ohren weniger für das, was nun besprochen wurde.

»Sie heißen Stefan.«

»Nein, Herr Chef, ich heiße –«

»Hören Sie zu, was ich Ihnen sage: Sie heißen Stefan.« (Stefan? Stefan: das war der Name über diesem Tag. Dr. M. hieß so. Stefan muß dauern.) »Sie haben hier Kost, Sold, Kleidung. Sie halten, sobald jetzt der Winter kommt, unsre Heizung in Ordnung. Und auch sonst wird es genug zu tun geben. Wo Sie herkommen – das geht niemanden etwas an. Sie werden den Mund halten. Verstehen Sie: den Mund halten. Den Mund halten.«

»Ich verstehe. Ich heiße Stefan. Mund halten.«

»Gut, Stefan. Karascho. Zahlmeister Ehni sagt Ihnen alles weitere. Warten Sie bitte hier auf ihn – ich habe zu tun.«

Als Ehni zurückkam, wurde Stefan in aller Form übernommen.

Vom Provisorium war nicht mehr die Rede. Doktor Wieland hatte den Mann sogleich der Lazarettgemeinschaft einverleibt. So also macht man das, dachte Zahlmeister Ehni. Und dachte: ein Hexer ist er doch, der Chef, ein Hexenmeister.

IV

Man muß Stefan holen: das wurde im Haus zur stehenden Rede. Der Winter ließ sich zum Glück noch Zeit; aber auch ohne seine Heizerpflichten war Stefan keinen Tag mehr ohne Arbeit. Er konnte – was konnte er nicht? Er war ein Klempner, ein Elektriker, ein Glaser, ein Tischler. Aber auch ein Maler, wenn es not tat, und selbst ein Maurer, wenn niemand sonst zur Hand war. Auf den Stationen, in der Apotheke, in den Unterkünften, in der Küche – Stefan war überall.

Oder doch nicht überall? Wenigstens nicht überall auf die

gleiche Weise. Er hatte die Witterung, nicht die eines Tiers, sondern die eines Menschen, der sich in Gefahr weiß. In kürzester Zeit kannte er uns alle und wußte, wer ihm wohlgesinnt war und wer nicht. Das Geheimnis seiner Herkunft hatte Ehni, wie sich versteht, gut gehütet, schon aus Selbstschutz. Gegen Vermutungen freilich ist man machtlos; ein Glück, daß Stefans Aussehen keiner gefährlichen Vermutung Nahrung gab. Zudem hatte er sich jenes »Mund halten« so zu Herzen genommen, daß man kaum recht dazu kam, sich mit Stefan als Person zu beschäftigen. Er war in diesem Haus ein Instrument, ein taugliches Instrument: man rief ihn, man erklärte ihm einen Wunsch; er hörte zu – nicht mürrisch und nicht beflissen. Nie war so ganz zu erkennen, wieviel er verstand von dem, was man, etwa als Erläuterung, zu ihm sagte. Er ging an die Arbeit, schweigend; kaum, daß er irgendwann einmal eine Hilfe annahm. »Das hast du gut gemacht, Stefan«, sagte man dann wohl, wenn die Arbeit getan war. Aber auch dann schwieg er, und die großen, dunklen Augen lächelten nicht.

Zwei Augenblicke sind mir ganz gegenwärtig. Bald nach seinem Eintritt in unser Haus mußte ich seine Hilfe in Anspruch nehmen: ein Wackelkontakt war in meinem Zimmer zu reparieren. Ich besaß damals ein kleines silbernes Schutzschild, eine Art Amulett, das an der Wand neben meinem Schreibtisch hing. In das Schild war ein hebräisches Wort eingraviert. Es war die erste Gottesfrage in dieser Welt, jenes »Wo bist du?« aus dem Buch Genesis: in der geheimnisvoll-einheimsenden Wurzelsprache des Alten Testaments wurden diese drei Worte zu *einem* Wort, und ihr Wortlaut fährt daher wie ein Pfeil: ajékka.

Ich schrieb, während Stefan arbeitete, an meinem Tisch weiter und sah nur, wie er mit einer ganz raschen, scheuen Bewegung über das Schild hinstrich. Ich sagte kein Wort, und auch Stefan ließ nicht erkennen, ob er das Wort verstand. Aber vier oder fünf Tage später, als wir uns auf dem Flur begegneten, sagte er, was er so noch nie gesagt hatte: »Guten Abend, Herr

Pfarrer.« Vielleicht, es kann gut sein, hatte es nichts Besonderes auf sich mit diesem Gruß; vielleicht aber war es auch eine Antwort auf dieses heilige ajékka: seine Antwort.

Und dann: das war schon ein Jahr später: wir liefen uns im Freien zwischen den Krankenstationen in den Weg. Da gab es ein kleines Gespräch, und dabei lächelte er dann auch, einen Augenblick lang. Zwei neu zur Einheit kommandierte Beamte waren an uns vorübergegangen, und ich hatte gesagt: »Neuer Zahlmeister, neuer Apotheker. Sie gehören nun schon zur alten Garde, Stefan.« – »Alte Garde«, wiederholte er, und es war mir, während er es wiederholte, auch diesmal nicht ganz deutlich, ob er den Ausdruck kannte; aber dann kam das Lächeln, kam und verschwand, und dann sagte er: »Alte Garde . . . alte Eisen.«

V

Atmosphäre eines Hauses: gibt es das? Oder ist hier, wo Uniform getragen wird, eines wie das andere – so gut, so schlecht? Doch nicht. Zwei Elemente kann der Chef eines Hauses nicht wenig mitbestimmen: Teilhabe und Diskretion. Dienstliche Rasiermesserseelen, die es überall gibt, kann er nicht zur Menschlichkeit bekehren, und Berufstratschern vermag er das Maul nicht zu stopfen, aber er kann dafür sorgen, daß beide nicht gerade den Ton angeben. Ein Lazarett im vierten Kriegsjahr: nun, das ist kein ›Klub zum schönen Gemüt‹, und für allfällige Geburtstagsfeiern, um nur ein Beispiel zu sagen, reicht die Zeit einfach nicht. Aber Teilhabe ist mehr als Kuchen und Kaffee. Die Geburt eines Kindes in der Heimat, ein Todesfall, ein Bombenschaden: dergleichen wurde wechselseitig mitgeteilt; man ging einander an. Chefaudienz mit Seelengespräch: nein, das nicht. Eher so, daß Doktor Wieland, dem ein besonderer Fall vom Hauptfeldwebel gemeldet worden war, sich ohne weitere Zwischenfragen den nächstbesten Telefonapparat zurechtschob, und dann gab es ein lautstarkes Gespräch mit dem Kommandanten des Flughafens: So und so... und wann die nächste Maschine fliege... und dann: ob das Kurierflugzeug eigentlich vorwiegend für die Sonnenblumenöldosen des Stabsintendanten da sei und nicht ebenso auch für den Obergefreiten Malten – »ausgezeichneten Gehilfen in meinem OP.«, kam dann mit fast bedrohlicher Betonung –, Malten. M wie Martha, A wie... jawohl, der in Essen nach dem Klumpatsch zu sehen habe, der bisher seine Wohnung gewesen war... danke... guten Morgen... Worauf er in seinen Operationssaal hinüberstapfte und beim Anziehen des weißen Mantels zu dem ahnungslosen Obergefreiten sagte: »Sie fliegen um zwei Uhr, Malten, Papiere fertigmachen... fallen Se nich runter... Wiedersehen.« Dies also – und das zweite dann: die Diskretion. Es war nicht anders und konnte nicht anders sein: in einem Haus mit siebzig, achtzig Menschen, die Patienten noch gar nicht mitbedacht, gab es Schwieriges, Schwarzgalliges genug: Fälle von Trunksucht und Insubordination, Mesalliancen, Scheidungen, Selbstmordversuche. Die Hausregel hieß: nur kein Palaver und erst recht keine Schriftsätze, Meldungen, Papierkriege. Fünf Sätze, wenn es sein kann. Und besser noch: Mund halten.

Auch über Stefan sprachen wir nicht. Er war da, er gehörte zum Mobiliar, er trug die Drillichjacke des Sanitätssoldaten, und eines Tages auch die Feldmütze; manchmal traf man ihn abends mit dem Kochgeschirr am Gürtel. Niemand in der Küche hatte gefragt: warum holst du noch einmal Suppe, noch einmal Gemüse? Niemand fragte: wohin gehst du? Schweigen ist Schweigen, mochten wir denken. Oder vielleicht auch: was ich nicht weiß, macht mich nicht heiß. So hätte ich denn auch die kleine Geschichte vom Löffelchen schwerlich erfahren, wenn nicht Zahlmeister Ehni diesmal ganz gerne, so schien es mir, wenigstens *einen* Mitwisser gehabt hätte, und vielleicht auch etwas wie Absolution.

Es muß im Spätsommer 43 gewesen sein, Stefan war nun also schon ein ganzes Jahr bei unsrem Verein; wir hatten damals gerade unsre Schachspielperiode. Sonntags nach Tisch gab es einige Partien, wir nannten das großtönend unser Turnier. Gerade damals wurde Apotheker Jablonski zu uns kommandiert, ein Österreicher. »Aus Spittal komme ich, bittschön, die Herren kennen noch den seligen Rosegger.« Die Herren kannten den seligen Rosegger nicht oder doch nur sehr zum Teil, aber Jablonski aus Spittal war ihnen auch so willkommen. Er war es, der sogleich, beim ersten oder doch beim zweiten Mittagessen die Rede auf das Schachspielen brachte. Man nannte ihm den Stabsarzt Jessen, Zahlmeister Ehni und mich als Interessenten, und er fragte sofort, ob er die Herren nicht herausfordern dürfe, er sagte »herausfordern«; wenn die Herren nichts dagegen hätten, am liebsten alle drei auf einmal und gleichzeitig... aber ja doch, gleich übermorgen, wenn es da den Herren paßt. Ich lachte über den lässigen Charme, mit dem er seine Sache vorbrachte. Jessen und Ehni aber nahmen mich nach Tisch beiseite: »Einen in der Krone sitzen hat er ja, der Ostmärker«, sagte Ehni, und Jessen meinte: »So viel Übermut soll wenigstens etwas kosten. Zwei Flaschen Rotwein.« – »Zwei Flaschen, wenn er ein Spiel verliert; vier, wenn er zwei Spiele verliert. Und uns vier Flaschen, wenn er gewinnt, das verlangt die Gerechtigkeit.« Darauf Jablonski, als man ihm beim Abendbrot die Wette antrug: »Aber ja... bittschön... ganz, wie die Herren Kameraden meinen.« Ich mochte die Bezeichnung ›Ostmärker‹ nicht, hielt mich an ›Österreicher‹ und dachte dabei an Grillparzer und an Trakl, mehr an sie als an Rosegger... Ich hatte gleich am Anfang, als noch Zeit gewesen war, meine kleine Warnung zum besten gegeben: »Herrschaften, ich warne vor Voreiligkeiten. Die Flaschen sind wir los. Wenn einer aus Spittal kommt, uns gar nicht kennt und so ein Dings anbietet – ich sage: der muß seiner Sache schon höllisch sicher sein.« – »Und wenn schon«, sagte Jessen. Nun, ich behielt recht, wir verloren mit Pauken und Trompeten alle drei, in knapp zwei Stunden war das Ganze vorüber. Wir packten unsre hübschen Reiseschachspiele wieder ein. »Die vier Flaschen zupfen wir natürlich gemeinsam aus«, sagte Sieger Jablonski, »aber bitte sehr... aber gar kein Wort... habidijehre...«

Zahlmeister Ehni blieb da; ich merkte, er wollte irgendeine Sache sich von der Seele reden.

»Da sind uns doch neulich aus dem Nachlaß eines Patienten silberne Löffel zugekommen. Der Mann, ein Feldwebel, hatte bei seinem Gepäck gut verschnürt einen richtigen Kasten, russisches Fabrikat, ganz alt, Silberlöffel, wissen Sie: Dessertlöffel oder nein, etwas größer, eine Art kleiner Eßlöffel mit einem sehr aparten Muster im Stiel, ein Dutzend. Natürlich organisierte Ware. Der Mann bekam bei uns gleich nach der Einlieferung einen Kollaps und starb am selben Tag noch; wir konnten uns nicht entschließen, den Kasten, den er weiß der Himmel wo hatte mitlaufen lassen, nach Haus zu schicken mit seinen übrigen Sachen... Verbuchen wollte ich das auch nicht. Ich habe sie nun fürs Kasino vorgesehen. Sie mußten lang in irgendeiner Nässe gelegen haben, die Löffel, sie waren gründlich verderbt. Den Putzfrauen konnte ich sie nicht in die Küche geben; blieb also nur Stefan. Sie wissen ja: Stefan versteht alles und tut alles. Nach drei Tagen hatte er sie blank. Ich fragte: ›Was möchtest du haben, Stefan? Schokolade?‹ – ›Nein‹, sagte er, ›nicht Schokolade‹. ›Was dann?‹ – ›Ein Löffelchen, Herr.‹ Ich sagte: ›Aber das geht doch nicht, was denkst du, du kannst doch nicht unten mit dem silbernen Löffel erscheinen, was denken da die Leute...‹ – ›Nicht... nicht...‹ – ›Willst du ihn deiner Frau mitbringen?‹ ›Für das Jüngelchen, Herr, für das Jüngelchen.‹ Und hören Sie, Herr Pastor, ich habe es getan. Ich habe ihm so einen Löffel geschenkt. Er kann ja nun schon recht gut Deutsch, aber wenn er so in große Gemütsbewegung gerät, dann spricht er wieder Russisch. Immerfort sagte er ›spassivo‹, und beim Gehen küßte er mir die Hand. Was sagen Sie?«

»Gut, Herr Ehni, gut. Sie sorgen für das Gleichgewicht in der Welt. Zu was diese ganze Plünderung und Brandstiftung, der Landkartenfraß taugt? Dazu, daß Stefan, der kleine, einen silbernen Löffel bekommt.«

VI

Stalingrad, Elbrus, Sewastopol, El Alamein: so hieß das Jahr 1943; so und noch ganz anders: Mussolinis Sturz, Landung der Gegner in Afrika. Für uns aber hieß es: Lungenschuß, Oberschenkelamputation, Verbrennungen zweiten und dritten Grades, Fleckfieber immer noch ... Den Chef hatte in der Mitte des Jahres der große Luftangriff auf Hamburg mitgetroffen, seine Klinik war zerstört, und als man November schrieb, da war in der Einheit die Zahl der Nochnichtbetroffenen kleiner als die andere Zahl. Nun wurden auch die Anflugzeiten unsrer Verwundetentransporte bedenklich kurz; um den ersten Advent herum lag das nachbarliche Shitomir nicht mehr außerhalb der Gefahrzone. Schon ergingen Befehle an uns, den Aufbruch des Lazaretts vorzubereiten; andre Verordnungen widerriefen strikt ... in den Bezirken, in denen das Parolenwesen blühte, hieß es, von Optimisten wie von Pessimisten gleicherweise, wenn auch mit ganz verschiedenem Ton ausgesprochen: nun werden wir also mit Gottes Hilfe gerade an Weihnachten auf der Achse sein, oder in Polen, in Ungarn, in Österreich ... auch eine schöne Gegend.
Natürlich lief nebenher, das kannte man schon, der Apparat der Instanzen weiter; neue Betten trafen ein, eine Spezialstation für Knochennagelungen sollte als »aufnahmebereit bis 15. XII.« gemeldet werden, in der Apotheke erschienen große Mengen eines leichtverderblichen Impfstoffs. Stefan hatte, gerade noch vor dem Einbruch der scharfen Kälte, in seinem ganzen Heizungslabyrinth Lichtleitungen gelegt. Auch Zukommandierungen gab es, gerade, als ginge es hier noch lange

weiter. Aus der Minsker Gegend wurden uns zwei Schwestern geschickt; der Chef nannte, als das Fernschreiben kam, nur kurz und sachlich die Namen, Schwester Else und Schwester Ulrike. Schwester Else, das gab es schon zweimal im Haus, sie würde also wohl Else III bei uns heißen müssen; mit Schwester Ulrike, das hörte man dann bald, und noch vor ihrem Eintreffen, hatte es eine ungewöhnliche Bewandtnis: aus Mecklenburg und von Adel – das war in einer westfälischen Schwesternschaft – bäuerlich-westfälisch, mit biederschwäbischem Nachschub durchsetzt – schon fast beunruhigend. Sie sei jung verwitwet, wußte man dann, und sie habe studiert. Die Stationsschwestern begannen schon für ihre eigene Stellung zu fürchten; die Oberschwester versprach, sich fürs erste ein respektables Abstellgleis auszudenken, wenn es hier nicht gerade drunter und drüber ginge. »Wir machen sie zum Postminister, das ist ein ganz hübsches Amt für den Anfang.«

»Schwester Ulrike sieht aus wie jemand aus dem Gefolge des Prinzen von Homburg«, berichtete Stabsarzt Jessen bei Tisch. Er war der für die Schwesternschaft verantwortliche Arzt; ihm war sie, gleich nach ihrer Ankunft, zugeführt worden. »Aus Mecklenburg und von Adel?« fragte man – und dann: »Nazisse?« – »Nazisse? So weit kamen wir noch nicht im ersten Gespräch. Ich würde sagen: nein.« Und nach einer Pause, bestimmter jetzt: »Nein. Durchaus konfirmiert, würde ich sagen.«

Ich hatte Schwester Ulrike am dritten oder vierten Tag im Gang begrüßt; die Zeit reichte nur gerade zu einem Händedruck, aber ich dachte dabei gleich: eine Kleistfigur, Jessen hat nicht schlecht charakterisiert. Dann kam der Gottesdienst vom vierten Advent, Schwester Ulrike war da und hörte, ohne aufzublicken, mit einer so strengen Konzentration zu, daß der Sprecher dazu kam, zu meinen, er rede ausdrücklich diesen einen Zuhörer an. Man war damals oft Prediger, Organist und Küster zugleich: als ich nach dem Gottesdienst aufzuräumen hatte, blieb sie da und half mir; dabei ergab sich ein erstes

Gespräch. Wir hatten sogleich, die große Welt ist klein, gemeinsame Bekannte, und als die Rede, ich weiß nicht mehr wie, auf Verbindungen zu holländischen Quäkern kam, jetzt bitter unterbrochenen Verbindungen natürlich, da war dies allein schon die Legitimation, die uns galt. Ein wenig zögernd fragte ich sie nach ihrem Mann. Ja, er sei im Juli 42 bei Minsk ums Leben gekommen: die amtliche Lesart laute »erschossen von Partisanen«. – »Ich habe Grund, dieser amtlichen Lesart zu mißtrauen – und noch mehr Grund, über meine eigene Meinung zu schweigen. Ist das genug?« Dieses »Ist das genug?« war nun wirklich mehr »Leutnant von...« oder »Freifrau von...«, als nur eben »Rotkreuzschwester Ulrike«. Und ich sagte: »Ja, das ist genug, Schwester.« Auf dem Heimweg dann, im leichteren Ton: ob sie denn halbwegs sich in dem neuen Haus habe einrichten können... man weiß ja bei dem allem nicht, ob es sich überhaupt noch lohnt. Jedenfalls, für fast alle Wünsche heiße das Zauberwort hier: »Wenden Sie sich an Stefan.« – »Ach, das ist der Elektriker? Den kenne ich schon.« – »Stefan ist Heizer. Sie finden ihn am ehesten jetzt morgens im Keller.«

»Sagen Sie – entschuldigen Sie diese absurde Frage – ist das ein Jude?«

»Wieso?«

»Ich... wir hatten da oben... ich meine: diesen Typus da oben in Minsk. Ist dieser Stefan –«

Sie sah mein Gesicht. »Oder – ist das Dienstgeheimnis?«

»Ja. Dienstgeheimnis. Im Dienstgeheimnis: ja.«

VII

Das war unvorsichtig, dieses Ja. Oder mindestens: unkorrekt. Ich wollte Vertrauen mit Vertrauen erwidern, gut. Auch war ich im Grunde nur mir selbst Verschwiegenheit schuldig; aber jedes Wort – ist es nicht so? – ist ein Wort zuviel.

Ich kam von der Sache nicht los, und Klaus, der frater catholicus, sah mir meine Verwirrung gleich an, als wir uns mittags im Kasino trafen. Wir standen eine kleine Weile herum in Erwartung des Chefarztes, der sich verspätete.

»Verstimmt?« fragte Klaus.

»Ach, nichts Besonderes. Nur: man sollte ein Mundschloß bei sich führen, wie Papageno, für sich selber.«

Klaus kam nicht mehr dazu, das Gespräch fortzusetzen, der Chef trat ein. Er hatte einen Zettel in der Hand, den hielt er wie fremd von sich weg, während er uns den Inhalt bekanntgab. »Vorweihnachtsbesuch. Sie haben sich etwas ausgedacht. Ein Kreisleiter aus Franken kommt und will Weihnachtsgeschenke verteilen. Heute nachmittag.« Er faltete das Papier zusammen und sah zu mir her: »Geschenke und Gaben... Pastor, das ist Ihr Ressort. Kann mir denken, daß Sie keinen Appetit haben auf so einen Goldjungen... aber Sie müssen die Honneurs machen. Sie oder Klaus. Trudeln Sie's aus. Ich... ein Kreisleiter... nein; wenn der Harmoniumsheini dann anfängt ›Unsa Fü'a‹, dann werde ich grob. Ich gebe Ihnen den dienstlichen Befehl, nicht grob zu werden.«

»Jawohl, Herr Oberstabsarzt, Honneurs machen. Dienstlicher Befehl, nicht grob zu werden.« Ich wiederholte, wie es vorgeschrieben war. Die Clique ringsum feixte, gutmütig eher als schadenfroh. Der Schalk zuckte uns allen in den Augen; was mich selbst anging, so war es ein recht kümmerlicher Schalk... Klaus freilich bemerkte ihn doch und rettete sich rasch: »Franken? Da redet ihr schwäbisch miteinander. Das geht schon. Das ist deine Domäne. Wenn sie uns dann nächstens einen Westfälinger schicken, nehm' ich ihn auf mich.«

Ich machte mich auf das Schlimmste gefaßt, und wie fast immer, wenn man sich auf das Schlimmste gefaßt macht, ließ es sich dann in Wirklichkeit besser an... fürs erste wenigstens. Der Goldfasan war so verwirrt über die Tatsache, daß er sich einen Pfarrer als Begleitung gefallen lassen mußte in Vertretung des Chefarztes, den ich als unabkömmlich zu melden hatte – er war es nun wirklich, denn eine Operation war angesetzt worden –, er wußte nichts anderes zu sagen als ein »Na schön... dann fangen wir gleich an...« Und so fingen wir an; eine kleine Suite, drei Dienstgrade und drei Schwestern waren mir zugeteilt worden, der Kreisleiter hatte zwei Mann mitgebracht als Geschenketräger. Die ›Hohe Nacht der klaren Sterne‹ blieb uns erspart, und als eine Schwester in allem Ernst ›O du fröhliche‹ vorschlug, heilige Einfalt, da winkte ich entschieden ab. Also kein Lied. Dafür gab es im großen Saal zuerst und dann noch in zwei anderen Räumen eine Ansprache des Gastes, kurz und schlecht... die ganze Lemurensprache fuhr auf, es gab die Heimatfront und den Endsieg, den festgebundenen Helm und den Führer (›unsa Fü'a‹), das Wehawe und die Ennesvau (NS-Wauwau, sagte ein Patient neben mir; ich legte den Finger auf meinen Mund und trug so mein Bescheidenes bei zum Gelingen der Feier); dann kamen die Körbe, recht respektabel anzusehen: Pullover und Wolleibchen, Wein, Kognak und auch Sekt, Würste, kleine Schinken, Dosen aller Art, Christstollen... die Patienten freuten sich, ich half beim Verteilen; wahrhaftig, ich glaube, es wäre alles ganz leidlich vorbeigegangen, wenn sich nicht der unselige Sanitätsunteroffizier im allerletzten Augenblick noch etwas Besonderes hätte einfallen lassen. Der Kreisleiter hatte seinen Dienstsitz genannt, eine Kleinstadt in Franken. Ulkiger Name, dachte der Sanitätsunteroffizier, und dann: den habe ich heute doch schon einmal gehört – oder gelesen? Wo nur? Auf einem Krankenblatt natürlich... Richtig, bei dem Schwerkranken drüben, dem Doppelamputierten... sollte man nicht... allerdings haben wir das ›Eintritt verboten‹ an die Türe gehängt, aber für einen Augenblick wenigstens... so ein Gruß aus der Heimat... also gut, ich frage: ob der Herr Kreisleiter einem Landsmann, einem schwerverwundeten Landsmann nicht noch eigens Guten Tag... »Aber ja doch; aber gleich.«

Wir traten ein; nicht die ganze Eskorte, nur unser vier oder fünf. Der Sanitätsunteroffizier sprach – kleiner Wink für den

Kreisleiter – sehr leise, und der Goldfasan schien die Mahnung zu verstehen; auch er begann ganz manierlich. Aber plötzlich kamen die Leitartikel über ihn: der »Iwan« kam, und vom Iwan gings zum »bolschewistischen Untermenschen« und dann zum »großen Vergeltungsschlag«. Mir war gleich, als ich den Kranken sah, ich kannte ihn noch nicht, recht bange geworden. Das geht nicht gut, sagte ich mir. Es war ein Mann, den Vierzig näher als den Dreißig, im Zivilleben – schwer zu sagen: vielleicht Ingenieur oder technischer Kaufmann. Man sah – wenn man ein wenig darauf zu achten gelernt hatte, sah man das: der ganze Mann war Abwehr. Es gab nicht einen Anflug von Lächeln bei der Begrüßung. Freilich: wer lächelt schon mit zwei Stümpfen... aber dies hier war nicht Müdigkeit, sondern mehr: Widerstand. Er hielt während der Rodomontaden des Besuchers die Augen geschlossen. »Hören Sie doch auf!«: das wollte ich sagen, das hätte ich sagen sollen – aber man sagt ja dann immer das Richtige nicht... Der Patient – schlief er denn etwa? Nein, er schlief durchaus nicht. Und dann, als der Kreisleiter – endlich – eine Pause machte, kam es. »Nicht Iwan. Sie.« Und dann noch einmal – jedes Wort schien ihm Mühe zu machen, und der deutende Finger mußte mithelfen, aber es war völlig klar, was er sagen wollte, und er sagte es dann auch: »Nicht Iwan schuld. Sie.«

Der Kreisleiter, verwirrt durch diese programmwidrige Ablehnung, drehte sich halb im Kreis, Zeugen seiner Unschuld suchend: »Ich? Ich. Mann! Seh ich wie ein Beineabhacker aus?« Er winkte seinen Begleiter her, nahm aus dem Korb eine Flasche Sekt: »Hier. Also nu mal los. Champagner. Französisches Beutegut. Erster Klasse. Und das mit deinen Beinen... Junge, die machen dir prima Prothesen... die medizinische Technik... heutzutage...« Die Worte kullerten nun übereinander. Der Patient hatte jetzt seine Augen offengelassen. Sie gingen nicht zu dem Geschenk. Sie blieben mit einem dringlichen Ernst am Gesicht des Mannes, der da zu ihm sprach. Sie stellten keine Frage. Sie gaben Antwort.

Zum dritten Mal kam es, nun ohne Worte: nur ein Kopf-schütteln noch – und der deutende Finger. Und dann nichts mehr.

Im Raum war etwas wie eine papierene, fleckige Stille ent-standen. Ich sah den Kreisleiter nicht an. Der war jetzt, ich wußte es, genug angeschaut. Einen Augenblick lang ging es mir durch den Sinn: er ist, wenn auch uneingeladen, unser Gast. Wie weit geht die Gastfreundschaft? Soll ich ihm zu Hilfe kommen? Soll ich eine Brücke bauen? Aber dann: nein. Hier ist nicht zu helfen. Gottes Mühlen –

»Heil Hitler!« sagte nun der Mann mit den goldenen Spiegeln an seiner Uniform. Er sagte es nicht schroff und nicht laut. Es war seine Zuflucht... sein Credo, seine Beichte und seine Ab-solution, alles zugleich. Dann wandte er sich zur Tür, kehrte sich aber noch einmal zu seinem nächsten Begleiter um: »Ge-ben Sie dem Unteroffizier diesen Korb zur weiteren Vertei-lung.« Draußen wischte er sich mit dem Taschentuch die Stirn, die Mundwinkel zuckten: »Sonst noch etwas zu tun?«

»Vielleicht noch in Saal 8«, sagte der Sanitätsunteroffizier. Man trat ein, es gab die Achtungsstille und den Gruß. Der Kreisleiter ging auf den Tisch in der Mitte zu... hinter dem Tisch blieb er stehen... »Ich habe den Auftrag«, fing er an, und dann kamen zwei, drei Sätze noch. Die Feder war ge-sprungen. Die Uhr lief, wenn man sie schüttelte, noch ein paar Sekunden weiter... aber dann blieb sie stehen. »Nichts geht mehr.« Wo sagt man so? Im Spielsaal, ja. Die Begleiter verteilten. Sie versuchten sich in einer Art von Munterkeit. Sie war fürchterlich unecht, diese Munterkeit, aber sie war fast barmherzig. Dann war der Korb leer, und man trat auf den Flur hinaus. Es gab nichts mehr als den blinden Gruß, den sie damals den ›Deutschen Gruß‹ nannten, die halberhobene Hand, ein unartikuliertes Geschnarr. Das Marionettenzere-moniell. (Aber freilich: Marionetten werden gespielt. Dies hier, dies Ganze, ist kein Spiel.) Und dann, ohne jedes weitere Abschiedswort: »Wo ist mein Wagen?«

Der Fahrer, der bei der Verteilung mitgeholfen hatte, beeilte sich, rascher als sein Chef an den Ausgang zu kommen, um gleich vorzufahren. Der Kreisleiter stieg ein und fuhr ab. Er sah starr geradeaus. Finis.

Ich – muß ich noch einmal in das Haus zurück? Ist das eine Situation, die ein lösendes Wort braucht? Kann ein Wort hier lösen? Nein. Jetzt kein Wort. Morgen vielleicht oder heute abend noch. Aber jetzt nicht. Jedes Wort ein Wort zuviel.

Ich dachte dem Flüchtling nach; ohne Triumph. Wie lange geht das noch so? Noch ein Jahr? Länger? Länger – kaum. Dann wird das Credo von heute nur noch ein Rattengewisper sein. Und die es geglaubt haben, werden die von neuem beginnen? Werden sie das Unbegreifliche begreifen? Der Mann mit seinen Stümpfen, wenn er's jetzt übersteht, der wird wieder auf die Füße kommen. Darin hatte er recht, der Tröster aus Franken. Aber er selbst, er und die anderen – wer hilft ihnen auf die Füße?

VIII

Wohin jetzt? Spätnachmittag vom vierten Advent: das könnte heißen ›Bach, Weihnachtsoratorium‹. »Jauchzet, frohlocket, auf, preiset die Tage...« Nun, was das Frohlocken betrifft... Aber: andere Luft für eine Stunde. Also etwa Winterlandschaft, ein paar Schritte auf dem vereisten Bug, einen Blick auf Unversehrbares, auf Kristalle an den Trauerweiden dort? Nein, lieber noch: Menschenlandschaft. Ich war lange nicht mehr nach Alt-Winniza gekommen; in die russische Kirche mindestens ein ganzes Jahr lang nicht mehr. Sie lag auf halber Höhe, drüben, jenseits des Bug, der Weg führte durch die vielgewundenen Gassen der Altstadt. Es war freilich nicht mehr so ganz zu empfehlen, dort als deutscher Soldat allein zu laufen, im Dunkeln schon gar nicht. Aber jetzt gleich, und nur eben eine halbe Stunde noch, so mochte es angehen.

Die schöne Kirche war geschlossen, aber die winzigen Kaufläden in ihrer Nähe gab es wie immer: auf einem staubgrauen Teller lagen Sonnenblumenkerne und getrocknete Pilze; geflickte Fahrradschläuche hingen an einer Stange, daneben Netze für den Fischfang und Angelschnüre. In einer anderen Auslage sah man Maisbrot und trockenen grünlichen Käse. Dieses Fastnichts war, ich konnte mir nicht helfen, schier noch bedrückender als das Garnichts, und die vorüberhuschenden Schattengestalten waren die Merkzeichen einer erloschenen Welt. Widerstand, Partisanengefahr? Es sah nicht mehr danach aus. Das grußlose Nitschewo, das war letzte Station, letztes Kapitel, in unsrem Krankenhaustonfall gesprochen: finales Stadium. Warum kehrte ich nicht gleich wieder um?

Plötzlich hinter einem schwarzen Fenster ein Blick, der mich meint: Stefan. Hier also, hier wohnt Stefan. Ich spüre, körperlich spüre ich, wie meine Augen ihr Licht ausschicken, wie sie, grüßend, einen Gegengruß erbitten: aber mit keiner Bewegung verrät der Mann hinter dem Fenster, daß er mich kennt. »Mund halten«: so hatte man gesagt, und Stefan hatte es sich sagen lassen. Ich gehe; – hätte er mich doch gegrüßt! –: weiter gehe ich bis zu der Anhöhe, die den Blick auf den Bug freigibt.

Und nun, im Offenen endlich, drang dann doch noch etwas wie Freude heran, Vertrautheit mitten im Fremden. Nicht nur der weiße Winterhimmel, stark und hell wie drüben im Vaterland, sondern auch das andere jetzt, an dessen Unzerstörbarkeit ich glaube: schirokaja natura, das Mütterchen, Tolstois Schuster Martin und sein Gast, heute und immer.

Es war zu kalt, sich irgendwo zu setzen... so lief ich dort oben auf und ab, auf eine seltsame Weise beschäftigt und befreit. Ich vergaß, daß es hier dunkel wird ohne Übergang. Und es wurde dunkel.

Ich muß zurück. Auf dem gleichen Weg zurück. Ich will noch einmal, ohne beobachtet zu sein, Stefans Wohnung sehen, von ferne nur. Ich weiß es ja nun: auch wenn sich unsre Abreise noch um ein, zwei Wochen verzögern sollte, dies alles hier ist

Abschied. Abschied und – das war gewiß – Abschied für immer. Wir, sollten wir dieses Ganze überleben, so kämen wir vielleicht eines fernen Tages wieder nach Paris, nach Amsterdam, nach Rom, was weiß ich; hierher – nicht noch einmal.

Da war die Gasse. Stefans Kate lag nun schon fast im Dunkeln, es gab keine Straßenzeilen hier, nur Ecken und Winkel; aber unversehens huschte jemand an meine Seite. Nicht Stefan, aber – und das war sofort zu erkennen – die Miniaturausgabe von Stefan, schmal und dunkel und sehr behend. Es war das Jüngelchen; ich wußte es, noch ehe das Wort »Stefan« gefallen war. Er kam ganz nahe auf mich zu und begann hurtig zu reden in seiner Sprache. Ich sagte die Vokabel, die wir gelernt hatten, um zu bekennen, daß wir gar nichts verstehen; aber er blieb unbeirrt bei seiner Rede in Wort und Zeichen. Plötzlich kam ein Ausdruck, den ich verstand: »Chanukka«. Ja, Chanukka, Israels Fest vom Licht, das Fest vom verborgenen Schöpfungslicht, es stand vor der Tür so gut wie unser Weihnachten... Und zugleich gab es eine Gebärde, die ich verstehen sollte: seine Hände – was für vornehme Hände der kleine Bursche hat, dachte ich – formten in der Luft etwas Langes, Schmales. Er wollte etwas von mir, soviel begriff ich; aber was konnte er wollen? Mit eins war er verschwunden, aber gleich darauf stand er wieder da, und nun zog er aus der Tasche Streichhölzer – unsre Streichhölzer, ich sah es und mußte lachen, aber warum soll auch Soldat Stefan nicht Marketenderware kaufen? –; er zündete ein Streichholz an, und dann formte die Linke von neuem –: eine Kerze, ich wußte es jetzt, eine Kerze wollte er von mir für das Fest Chanukka.

Kerzen waren nun auch bei uns rar geworden. Ich besaß in meinem Dienstkoffer drei oder vier; diesen Vorrat mochte ich nicht angreifen. Außerdem aber hatte ich noch eine gelbe Honigkerze aus Friedenszeiten. Gut denn. Ich nickte: Kerze für dich – Stefan geben – für Chanukka.

Er hatte mich verstanden und lächelte. Stefans Lächeln. Nein, von Stefans Lächeln war hier nur gerade der dunkle Rand, das

Ehundimmer Israel; innen war dies ein Kinderlächeln, offen und ohne Schwere. Er war schön, der kleine Bursche, er war auf eine Weise schön, daß einem der Atem stockte; erschreckend schön, sagen wir ja mitunter einmal, und sagen damit nichts Verkehrtes. Er nahm, nur für einen Augenblick, die Hand, die ich ihm bot. Dann ging er rückwärts die wenigen Schritte zur Hütte zurück. Unter der Tür blieb er stehen und hob noch einmal seine beiden Handteller in Augenhöhe. Es war der Jakobssegen in Knabengestalt.

Ich blieb, nachdem er verschwunden war, noch stehen. Es war gewiß: Stefan wird auch jetzt nicht noch einmal am Fenster erscheinen. Aber dieser Junge – ich dachte dem Jüngelchen nach. Nun wird er Bericht erstatten, dem Vater, der Mutter – dieser Mutter, die ich nie zu Gesicht bekommen hatte, in all der Zeit nicht ein einziges Mal. Plötzlich war ich es leid, das ganze Versteckspiel. Auch der Name galt mir nicht mehr; diese Stefanstäuschung, die wir zu seinem Schutz erfunden hatten, zu seinem – oder zu unsrem Schutz? Ich gab mir nach, und ich sagte einen anderen Namen vor mich hin, den Namen, mit dem ich – in mir nur – den großäugigen, schmalen Mann mit dem schweigenden Mund zuweilen angeredet hatte, den Namen des Dichters vom dunklen Licht.*

Nun denn, eine Kerze für den Knaben Leib ... eine Kerze zu Chanukka.

IX

Erst beim Eintritt ins Kasino traf ich den Chef. Ich meldete mich und gab Rechenschaft über die – muß man sagen: fehlgeschlagene? – Mission; er hatte natürlich schon ein paar Einzelheiten gehört. Mir gefiel es sehr, daß er nun nicht

* *Den Namen des Dichters vom dunklen Licht*
Nur in der Erstausgabe habe ich den hier Gemeinten, Kafka, mit Namen genannt.

78

»geschieht ihm recht« sagte, sondern meinen Bericht mit einem kargen »Hm« quittierte. Man sprach bei Tisch über den Aufbruch des Lazaretts; neueste Kommandanturbefehle, mit Terminangaben schon, waren im Laufe des Tages bekannt geworden; sie galten für unsre Einheit freilich nur bedingt: die Zuständigkeiten, das Sakrosanktum einer jeden Kriegsmaschine, waren in Verwirrung geraten. Der Chef war ungesprächig an diesem Abend, und als er gegen Ende der Mahlzeit ans Telefon gerufen wurde, zuckte Unwilliges in seinem Gesicht auf. »Bitte die Herren, noch dazubleiben«, sagte er im Hinausgehen. Nach zehn Minuten kam er zurück und ließ uns wissen, daß morgen noch ein großer Verwundetentransport kommen werde; hundert oder mehr Patienten, die genaue Zahl war nicht zu erfahren; sie kommen auf dem Luftweg. Der Heeresgruppenarzt hat gedonnert. Ich habe ihm gemeldet, daß wir Befehl hätten, uns zu verkleinern und darauf einzurichten, innerhalb von vierundzwanzig Stunden hier den Platz räumen zu können, aber dann hieß es: ihn, Heeresgruppenarzt, gehe das einen feuchten Lehm an, was die Etappenhengste in Rowno anordnen. »Meine Herren, ich habe mir den Mund fusselig geredet, aber Sie wissen ja: gegen Gott und den Generalarzt – Na, keine Rebellion. Wir müssen. Und die Jungs brauchen nichts zu merken von dem ganzen Rabatz, die können nichts dafür. Jedenfalls: alle Mann an Deck, morgen. Gute Nacht, meine Herrn. Im übrigen, Sie wissen ja: England erwartet, daß jedermann seine Pflicht tut.«

Dieses Wort hing nicht am Schwarzen Brett. Auch unsichtbar hatte der Tagesbefehl Nelsons dort keinen Platz: im vierten Kriegsjahr konnte sich niemand mehr (niemand außer dem großen Lügenmaul in Berlin) feierliche Worte leisten, es sei denn, zusammen mit den Anführungszeichen der Ironie. Wo man nicht einfach schwieg, hielt sich jeder am liebsten an ein Motto wie das einfältige »Dienst ist Dienst, und Schnaps ist Schnaps«.

Aber als es ernst wurde am andern Morgen – man hatte uns gleich nach halb elf die erste Ju 52 schon kurz vor ihrer Landung gemeldet –, da lief es dann wirklich wie auf Rädern, das hundertmal Geübte: nicht als das leere Zeremoniell eines Staatsbesuchs, sondern wie die Präzisionsuhr der wachsamen Liebe: etwas, das mit Adolfs Krieg sehr wenig, mit dem Menschen aber sehr viel zu tun hatte.

Wie das wilde Wetter fuhren die Sanka-Fahrer auf den Flugplatz hinaus und dann wieder zurück mit ihrer Menschenfracht: auch jetzt so schnell wie irgend möglich, jede Minute ist kostbar, aber jetzt doch vor allem darauf bedacht, nirgends plötzlich halten zu müssen und jede Erschütterung zu vermeiden. Wie Musik, so hatten sie es gelernt, wie Musik muß das sein, wenn ihr fahrt. »Wißt ihr, was eine Etüde ist? So 'ne Musik mit egal den gleichen Noten. So müßt ihr fahren, wenn ihr Verwundete habt, piano, pianissimo.«

Im Hof hatten die Sanitäter schon ihre festen Plätze. Ausladen, nicht anstoßen, die Krankenblätter für den Unterarzt, der hier gleich die Verteilung vornimmt, Vorsicht, keine Verwechslung. Dann: Gleichschritt halten mit der Trage, möglichst nicht sprechen, ehe der Patient gebettet ist. Erste Hilfe kann beides heißen: Scherzwort und ruhiger Blick, Pfefferminz oder Zitronendrops, zweite Wolldecke und frisches Taschentuch.

Die Schwestern dann: sie haben den Tee heiß gehalten und haben den Fruchtsaft temperiert; ein paar Heizkissen, viel zu wenige, sind zur Hand, die Spritzen sind ausgekocht, und das Verbandzeug liegt bereit. Und nun folgt ein Dienst dem andern. In normalen Zeiten sind die Aufgabenbereiche ein wenig getrennt; das schwere Tragen soll Männerarbeit bleiben; auch gibt es halbe Gesetze der Schicklichkeit; aber dann, am stürmischen Tag, da tut jeder, der kommt, alles, was zu tun ist. Sie sind Kinder wieder, die da vor ihnen liegen und sich nicht regen können. Sie hören freilich nicht auf, gerade auch jetzt Männer zu sein, durstig nicht nach Kirschsaft und Apollinaris... aber Liebe hat viele Namen. Einer heißt: für den, der keine Hand frei hat, die Zigarette anrauchen und sie dann dem Kranken zwischen die Lippen stecken, nach jedem Zug von neuem... und heißt vielleicht: eine kleine Unruhe richtig deuten und also die Flasche an die richtige Stelle rücken...

Kein Heldenlied. Nichts Sangbares überhaupt. Aber doch Antwort auf die Frage aus dem Ersten Buch. Frage: Soll ich meines Bruders Hüter sein? Antwort: ja.

Es war ein schlimmer Transport. »Mies, mies, mulmig«, hatte gleich der erste Fahrer vom Flugplatz mitgebracht. Es kamen diesmal fast nur Schwerverletzte, und auch drei auf dem Transport Verstorbene wurden zunächst bei uns eingeliefert. Schon das war ganz ungewöhnlich; es mußte bös aussehen dort, wo sie herkamen. Die Lebenden gehen vor; aber Klaus und ich hatten nun doch gleich die Personalien der Toten festzustellen und mit dem Gräberoffizier in der Stadt zu telefonieren: bei der strengen Kälte war es fast sicher, daß keine Gräber mehr vorbereitet waren.

Bei Tisch traf man nur gerade sieben oder acht Leute, und auch da saß jeder wie auf Abruf vor seinem Teller; der Chefarzt und die Hilfschirurgen blieben unsichtbar.

Ich ging gleich nach dem Essen zuerst auf die chirurgische Station, es war wichtig, sich von dem einen oder anderen, der selbst nicht schreiben konnte, einen Brief diktieren zu lassen, ein Lebenszeichen nur. Zwanzigster Dezember: jeder Brief, der heute abgeschickt wird, kommt vielleicht noch zurecht auf einem Weihnachtstisch irgendwo in dem dunklen Deutschland von 1943. Ein Stück Hoffnung. Trügerische Hoffnung vielleicht: aber selbst dann nicht ganz umsonst. Etwas wie Gewißheit für den Augenblick, wo Ungewißheit immer noch die größere Qual bereitet.

Ich kam in den großen Saal und schrieb dort Brief um Brief, bis der Sanitäter Wels mich zu dem Sterbenden rief auf die Innere Station.

X

Nun der Bericht über die Ereignisse, bei denen ich nicht anwesend war. Aber wenn ich alles addiere: die Schilderung des Chefs, dazu Schwester Ulrikes und Hauptfeldwebel Hirzels Begleittext, den Einschub des Schreibstubengefreiten und – lange Zeit nach diesem Dezembertag – ein Nachtgespräch noch einmal mit Doktor Wieland, das an diese finstre halbe Stunde rührte – ich zähle zusammen: war ich dann nicht eben doch dabei?

Sie kamen gegen vier Uhr nachmittags, das Lastauto hielt dreißig Meter vom Haupteingang entfernt, drei junge Leute in Uniform sprangen von hinten ab, aus dem Führerhaus vorn stiegen die zwei Mordbuben aus, die Herren vom Sicherheitsdienst: ein Faß der eine, der andere, fast noch heftiger Schrecken und Abscheu erwirkend, dürr und alert, umsichtig, aber umsichtig aus kleinen Rattenaugen, registrierend ohne Wort. Zu fünft kamen sie so auf unser Lazarett zu, die Jungen preschten vor und rissen die beiden Glastürflügel auf, damit die zwei Satrapen eintreten, man müßte sagen: Einzug halten konnten. Ihre Wintermäntel, die kloakenfarbenen Mäntel standen offen, von oben bis unten waren sie mit weißem Lammfell gefüttert.

»Wo ist hier der Hauptfeldwebel?« fragte der Hagere den Sanitätsdienstgrad, der in der Nähe des Eingangs seinen Tisch hatte. Im gleichen Augenblick aber kam aus der Schreibstube der Hauptfeldwebel schon selbst, sagte, ohne besondere militärische Beflissenheit, seinen Namen; die Besucher stellten sich nicht vor, nur ein Blatt zog der Feiste – er offenbar hatte das Kommando – aus seinem Ärmelaufschlag, klemmte es sich, bis der Pelzhandschuh wieder geschlossen war, zwischen die Zähne und sagte – unter der Tür zur Schreibstube noch: »Wir suchen den Juden« . . . nun folgte ein Name –, »der hier als Heizer beschäftigt ist.« Hirzel, der Stefans richtigen Namen nie gehört hatte – der Chef war darauf bedacht gewesen, daß in allen Listen ›Stefan‹ stand und sonst nichts –, Hirzel überschaute nicht im ersten, aber doch im zweiten Augenblick die Situation und hatte sich sogleich fest in der Hand.

»Da muß ein Irrtum vorliegen«, sagte er. »Ein Mann dieses Namens ist hier unbekannt.«

»Da liegt kein Irrtum vor. Wir wissen schon, wen wir suchen. Name unbekannt: Kinderei. Der Name sagt gar nichts; was ein zünftiger Hebräer ist, der hat Namen, jede Menge. Mal Lewisohn, mal Kanalgeruch, mal Salomon, mal Siegfried. Namen hat der – fast so viel wie Läuse. Apropos Läuse – habt ihr Fleckfieber hier? Klar habt ihr Fleckfieber –«

Er warf sich zurück, schnupperte, als gäbe es dabei hier etwas zu riechen, und begann zu dozieren: »Wo der Jude wohnt, wohnt die Laus; wo die Laus wohnt, gibt es Fleckfieber, das ist wissenschaftlich erwiesen... Sollte man in einem Lazarett eigentlich wissen. Also los, wo ist der Sohn Abrahams? Ich habe Zeit. Nicht unbeschränkt Zeit. Zehn Minuten Zeit.«

»Ich werde gleich Herrn Oberstabsarzt verständigen.«

»Völlig unnötig. Ihr Chef hat anderes zu tun. Junge, Sie sind richtig! Wohl noch nie was von der Judenfrage gehört? Wenn ein Kammerjäger kommt und Sie hier von Ihrem Ungeziefer befreit, dann wenden Sie sich doch auch nicht an den Chef. Dafür sind doch Sie zuständig. Ich bin so 'ne Art Oberkammerjäger, was, Roedert?«

Er wandte sich zu seiner Begleitung, die im Vorraum gewartet hatte: »Los, Ausschwirren. Den Mann beischaffen.«

Darauf Hirzel: »Ich muß den Chef holen.«

»Tun Sie, was Sie nicht lassen können, aber tempo presto, wenn ich bitten darf.«

Es vergingen fünf Minuten. Die Besucher waren mit dem Schreibstubengefreiten allein.

»Wie lange ist das Lazarett schon hier?«

»Anderthalb Jahre.«

»Ihr sitzt ganz schön im Speck, scheint mir.«

– »Müder Verein?«

»Nein.«

»Aber fromm in der Wolle gefärbt. Christkatholischen Glaubens sind Sie doch?«

»Nein. Gottgläubig.«

»Gottgläubig? Ja? ›Ggl.‹ steht in Ihrem Soldbuch?«

»Ja.«

»Sieh mal an... Na, eine Schwalbe –«

Nach einer Pause dann: »Wo haben Sie denn ein Führerbild hier?«

»Wir sind schon beim Packen.«

»Ne *gute* Ausrede ist drei Batzen wert, aber so eine faule –«

Er kam mit dem Satz nicht zu Ende. Oberstabsarzt Wieland trat ein, der Hauptfeldwebel, der mit ihm gekommen war, ging an seinen Tisch, nahm einen Schlüssel und gab dem Schreiber ein Zeichen, mit ihm zusammen den Raum zu verlassen.

»Wieland.«

»Kuortis.«

»Roedert.«

»Wir haben hier einen Auftrag. Beschleunigt durchzuführen zur Sicherung der Truppe. Umsiedlungsaktion. Betrifft Volk Israel. Einwände kommen nicht in Betracht.«

Dann, nach einer Pause: »Ganz schöne Kälte heute. Sagen Sie: wäre hier ein Kognak aufzutreiben?«

Doktor Wieland hatte rasch taxiert: Popelige Einbrecher mit Pascha-Allüren. Er bot ihnen keinen Stuhl an, ging aber zur Tür und rief dem Schreiber, der sich im Vorraum aufhielt, zu: »Bringen Sie einen Kognak.«

»Jawohl, Herr Oberstabsarzt, Kognak bringen.«

Kuortis nahm seine Verfügung, den Mordbefehl, von neuem zur Hand. »Es handelt sich bei Ihnen um den Heizer –«

»Es handelt sich um einen Mann, der in diesem Haus absolut unentbehrlich ist. Unersetzlich. Wir haben fünfhundert Verwundete hier. Wenn in unsren Gebäuden die Heizung nicht funktioniert –«

Der Kognak kam; drei Gläser hatte der Gefreite gleich mitgebracht.

»Schenken Sie den Herren ein.«

Kuortis: »Sie trinken nicht mit?«

»Ich bin im Dienst. Ich habe heute einhundertunddrei Zugänge. Schwer- und Sehrschwerverwundete.«

»Ich bedaure. *Wir* wollten Sie nicht stören. Aber Ihr Feldwebel –«

»Der Hauptfeldwebel hat genau nach Vorschrift gehandelt.«

Sie tranken den Kognak, bei dem ihnen niemand Bescheid tat – Wieland brachte kein ›Zum Wohl‹ über die Lippen –, und stellten die Gläser zurück. Mit einer wohlbedachten Gebärde, einer Gebärde, die sich als Versehen zu tarnen wünschte, wischte der Chef beide Gläser vom Tisch.

»Vorsicht. Wehrmachtsgut!« sagte Kuortis. »Ich verstehe. Man will hier nicht mehr aus Gläsern trinken, die von so sündigen Lippen berührt worden sind. Legen wir die Karten offen auf den Tisch, auch wenn wir uns, wie es den Anschein hat, nicht sehr lieben. Herr Chefarzt, ich verstehe, daß Sie den Mann beschäftigt haben. In der Not frißt der Teufel Fliegen, und der Barras nimmt Judendienste an. Aber jetzt ist Schluß. Der Mann – mag sein – *war* für Sie unentbehrlich. Aber wenn nächste Woche der Russe hier in die Nähe kommt – ich sage: wenn! –, dann sind alle diese Leute, soweit wir sie nicht vorher zwei Fuß tiefer angesiedelt haben, Partisanen..., und zwar Partisanen mit Spezialkenntnissen. Dieses Risiko gehen wir nicht ein.«

In diesem Augenblick klopfte es, die Begleitmannschaft trat ein. Sie brachte Stefan – und Schwester Ulrike. Stefan hatte einen Rotkreuzschwesternmantel an, offenkundig Schwester Ulrikes Mantel. Grauer Vogel – und aus welchem Nest gefallen? Schwester Ulrike stand neben Stefan, unbeweglich.

Kuortis ließ seine Leute abtreten, dann zog er, offenkundig entschlossen, die Szene auszuspielen, seine Pistole.

»Das ist also unser Israelit, in dem kein Falsch ist. Oder doch Falsch? Hände hoch! – Jude? – Keine Antwort? Nun, dann müssen wir eben das Fräulein um Auskunft bitten... Neckisch, dieser Mummenschanz. Ein Schwesternmantel als

Tarnanzug. Das war noch nicht da. Roedert, was sagen Sie? Man lernt nicht aus. – Jude? habe ich gefragt. – Nicht taub, aber bedauernswerterweise stumm. Nun, das Fräulein hat gewiß – handgreifliche Beweise dafür, daß es keiner von den Gojim ist.«

»Herr –«, Wieland ging einen Schritt auf den Sprecher zu –, »ich verbitte es mir, daß Sie meine Schwestern beleidigen. Diese Schwester ist die Witwe eines gefallenen Offiziers.«

»Die WW? Kennen wir. Die wohlgetröstete Witwe.« (Bei dieser Bemerkung zuckte Schwester Ulrikes Hand. Bis dahin war sie die Ruhe in Person gewesen; nicht steinern, nicht erstarrt, vielmehr wie die Ruhe des ›Tages, der ohne Abend ist‹. Der Chef dachte: wenn sie dem Burschen doch ihre Hand mitten in die Visage schlagen würde. Und dachte: wenn sie nur nicht die Contenance verliert. Schwester Ulrike verlor sie nicht.)

»Hören Sie, Herr Chefarzt, mir noch drei Minuten zu. Ich habe vorhin Ihre Humanitätsflausen entre nous – ich bin ein Gemütsmensch – als... na, als Kinderkrankheit bewertet; die Namensfälschung, die hier offenkundig veranlaßt wurde, interessiert mich nicht; außerdem fälschen wir alle. Aber täuschen Sie sich nicht: wer sich im Ernst gegen unser Ausleseprinzip stellt, den knacken wir... wie eine Laus... sehen Sie: so. Und was Ihre chirurgische Putz- und Flickstunde angeht... das kann ich Ihnen schriftlich geben – ich bin ein Gemütsmensch –: mit dem Kroppzeug, das bei Ihnen da so kreucht und fleucht, mit dem macht der Führer das neue Europa nicht. Mit dem nicht. Das spritzen wir in aller Ruhe –«

Doktor Wieland fiel ihm ins Wort. »Ihr Soldbuch, bitte –« Er war mit zwei Schritten an der Tür: »Hauptfeldwebel Hirzel!«

Hirzel kam.

»Notieren Sie die Personalien –«

Kuortis, nur einen Augenblick lang konsterniert, fing zu lachen an.

»Mein Soldbuch? Nanu? Ach so . . . mein Soldbuch. Sie sind gut. Aber ja doch. Aber mit dem größten Vergnügen. Beschweren wollen Sie sich? Ich verstehe immer: beschweren . . . Der Reichsheini wird Ihnen antworten. Persönlich. Postwendend. Das ist ein Übergriff unterer Stellen. Das sind unverantwortliche Redereien. Es wird durchgegriffen werden. Gezeichnet: Himmler, der Heinrich. Unverantwortliche Redereien. Ich will Ihnen sagen, wer bei uns verantwortlich ist. Der Herr Nemo. Niemand. ›Niemand hat mir das Auge ausgestoßen.‹ Sie wissen ja: Homer. Odyssee. Polyphem. Niemand. Gelernt ist gelernt. Griechisch, bei den Salesianern. Das sitzt.« – Dann: »›Wo ist mein Soldbuch?‹ Haben Sie's zur Kenntnis genommen . . . Herr . . . Feldwebel? Geben Sie mir's wieder. So. Bon.«

Unter der Türe dann: »Doswidanja, Herr Chefarzt. Fröhliche Weihnachten allerseits. Und ein spezielles Heil-Hitlerchen Ihren Karbolmäusen. Tut mir leid, gnädige Frau, daß Sie sich anderweitig bemühen müssen. Zieh den Mantel aus, Jude! Zu ulkig. Sankt Martin und sein Mantel. Aber es hat sich ausgemartint. Schluß jetzt. Frisch auf, zum fröhlichen Jagen –«

Er trat ins Freie und schoß in die Luft. Die Wachmannschaft auf dem Lastwagen erstarrte zum Gruß. Stabsarzt Jarisch, der aus einiger Entfernung den Desperado-Aufbruch miterlebt hatte, folgte den Abziehenden durch die Außentür.

Draußen dann. Wann und durch wen hatte der kleine Leib von der Razzia dieses Nachmittags gehört? Wer hatte ihn geheißen, seinem Vater Mantel und Löffel nachzubringen für eine Reise, bei der weder Mantel noch Löffel gebraucht werden? Die Mutter jedenfalls kann es ihm nicht gesagt haben. Sie kam ja erst in dem Augenblick, als der Junge schon auf den Wagen geklettert und von seinem dort oben kauernden Vater erkannt worden war. Das Jüngelchen. Der Augapfel. Dies Kleine und das Ganze – in welchem Buche dies? Im Buch der Fragen ohne Antwort.

XI

Nun nur noch drei Nachträge.

Zuerst ein Stück aus dem Bericht des Hauptfeldwebels.

»Als ich merkte, was hier auf uns zukam, hatte ich für den Augenblick nur zwei Sorgen: wie komme ich – man kann ja nie wissen – an meine Pistole? und: wie bringe ich den Chef dazu, sofort hier zu erscheinen? Die Pistole war in meinem Schreibtisch eingeschlossen, die Burschen standen drei Schritt von mir entfernt. Es war unmöglich, an meine Schublade zu kommen. Und das andere – das war genauso unmöglich: an einem so verrückten Nachmittag bringt kein Mensch den Chef ans Telefon.

Nun, ich ging an den nächsten Apparat, ließ den Chef dringend, dringendst bitten – und wahrhaftig, sein ›Wieland‹ ertönte, zornig natürlich, aber darauf kam es ja jetzt nicht an. Er müsse sofort herüberkommen, sagte ich. ›Sofort? Was heißt: sofort? Sofort kommt jetzt ein Oberschenkel hier hereingefahren, und wegen Ihrer Ruferei kann ich mit dem Händewaschen wieder von vorne anfangen...‹ Ich sagte: ›Das Überfallkommando.‹ Er: ›Mensch, machen Sie keine Witze.‹ Ich: ›Ich kann es Ihnen nicht erklären, Herr Oberstabsarzt, aber – es muß sein.‹ – ›Auf Ihre Verantwortung, Hauptfeldwebel?‹ sagte er dann... mit einer Stimme sagte er das, daß es einen fror. Was wollte ich jetzt noch anderes antworten als: ›Auf meine Verantwortung!‹ Auf dem Rückweg ging ich bei Feldwebel Sander vorbei, riß sein Spind auf –, nahm seine Pistole und lud durch – – für alle Fälle.«

Schwester Ulrike sagte mir:

»Es ging um zwei Minuten. Zuerst hatte ich einen Vorsprung. Sie hatten mir ja gestern gesagt, wo Stefan am ehesten zu finden sei. Ich saß am Posttisch, als sie hereinkamen, und konnte mit ein paar Päckchen loskommen, ohne daß es auffiel. Ich war dann auch gleich unten. Laut rufen konnte ich natürlich nicht, aber mit stärkster Flüsterstimme, so was gibt es ja, sagte ich immerfort: Stefan, Stefan. Dann fand ich ihn und erklärte ihm ganz rasch, was geschehen war; aber dann mußte ich ihn fast mit Gewalt von der Stelle bringen. Das mit meinem Mantel: ach, man tut eben irgend etwas. Wenn nur nicht überall dieses Licht gebrannt hätte... Da kamen zwei von der einen Seite her. Vielleicht wären wir auch dann noch hinausgekommen, aber ich kannte mich ja da unten nicht aus, und Stefan, wissen Sie, Stefan wollte nicht. Zuletzt dachte ich dann noch: vielleicht geht es mit einer frechen Antwort. Die beiden kamen und fragten: ›Was tun Sie denn hier?‹ Und ich, so kaltschnäuzig, wie es ging: ›Das sehen Sie doch. Wir suchen hier eine defekte Stelle. Wenn bei dieser Hundekälte –‹ Aber weiter kam ich nicht. Denn nun sagten sie zu Stefan: ›Und Sie?‹ Ich hatte ihm in der letzten Sekunde noch die Kapuze übergestülpt... aber da war es dann schon aus. Sie riefen ihren dritten Mann, der an einer anderen Stelle gesucht hatte, und nahmen uns zwischen sich hinauf.«

Viel später gab es dann noch ein Zwiegespräch mit dem Chefarzt.
»Damals, der Bandenhäuptling, der uns den Stefan schnappte, wissen Sie noch? Ich habe Ihnen das doch erzählt, wie er in dieses Gelächter ausbrach, als ich ihm sein Soldbuch abverlangte. Was war das für ein Gelächter?«
Ich fragte zurück: »Sie haben den Vorfall damals dann doch noch gemeldet, Herr Wieland?«
»Natürlich. Aber es kam nur der Bescheid. Urschriftlich zurück, da Empfänger nicht zuständig.«
»Also ziemlich genau das, was der Mann vorausgesagt hatte mit seinen Reden von Polyphem. Er kannte seine Pappenheimer, ich meine: seine Oberbanditen. Wie heißt man das? Flucht nach vorn oder so? Sag die Wahrheit – sie wird das Unwahrscheinlichste sein. Aber wie ist das mit dem anderen, mit der Drohung, man werde die Kriegsopfer umbringen, was meinen Sie?«

»Das hat er von sich. Oder gibt es dafür Pläne? Zutrauen würde ich ihnen alles, wirklich alles.«

»Ausmorden: ich habe das Wort einmal gelesen. Ein recht anschauliches Wort, muß ich sagen. Darauf haben sie's angelegt, das Ganze.«

»Hm. Aber selber überleben will auch noch der Massenmörder. Freilich, dieser Kuortis – hieß er nicht so? –, das war ein Vabanquespieler, wie er im Buch steht. ›Himmler, der Heinrich‹ und dieses ›Heil Hitlerchen‹, wissen Sie noch? Da war doch nichts mehr da. Nur diese fiese Attacke auf Schwester Ulrike. Ist es so angelegt in der Welt? Mickrige Reduzierung auf... na ja...«

»Und Macht. Macht an sich. Macht: die Lust des Impotenten. Oder muß man sagen: Erschießungen als Abwechslungen im erotischen Einerlei... kommt es darauf hinaus? Ich weiß es nicht, Herr Doktor, ich weiß es nicht.«

»Herr meines Lebens – entschuldigen Sie, Pastor –: ist das der Mensch?«

»Ich glaube – auch das, Herr Wieland. Das ist er auch.«

Bei diesem Gespräch war der ungarische Sommer um uns; großer Himmel über den Ebenen dort, Zittergras und Taubenflug. In manchem Augenblick sah die Welt wieder nach Frieden aus. Aber die Rote Armee war auch hier nicht sehr weit. Und die eigenen Wölfe, nun ohne Lammpelz, waren uns hierher auf dem Fuße gefolgt. Sie waren wieder bei ihrem Handwerk. Morgen können sie dastehen. Kuortis, Roedert.

XII

An diesem zwanzigsten Dezember aber – um das zuletzt noch zu erzählen – war um sieben Uhr Abendessen im Kasino, wie immer; und wenn es auch bis in die Nacht hinein noch zu tun gab, so waren wir doch jetzt alle beisammen. Es wurde ein schweigsames Abendbrot, Stefan – welches Gesetz mochte hier regieren? –, das war auch heute kein Gesprächsgegenstand für uns; und was jene Pluralgespräche angeht, mit denen die Welt sich die Zeit totschlägt, ›Gespräche über –‹, ›Über *die* Juden‹ etwa, so hätten sie auch in unsrer Tischrunde, das war gewiß, zu keinem anderen Ziel geführt als zu dem, das sie immer erreichen: Babylon. Aber man hütete sich damals vor solchen Gesprächen. Wir taten das Beste, was wir tun konnten – oder: wo nicht das Beste, so doch das nicht ganz Unangemessene – wir schwiegen. Die Vorhänge hier im Saal waren schon abgenommen im Blick auf den Aufbruch, der nun doch wohl unmittelbar bevorstand; durch große Fenster sah der Nachthimmel herein. Dunkelstarkes Winterblau, später helles Blau, Violett zuletzt: das waren die Farben dieses Nachmittags gewesen. Jetzt waren es gelbe Streifen, die ein noch unsichtbarer Mond auf die Schwärze am Horizont legte. Kein Stern.

»Rotwein, bitte«, sagte der Chef zur Ordonnanz, als ihm ein zweites Mal das Gemüse angeboten wurde, und sein Blick ging zugleich hinüber zu Oberzahlmeister Federlein, der über einen Not- und Festtagsbestand an Wein verfügte. Federlein verstand die Bitte sogleich und gab der Ordonnanz einen Schlüssel. Gläser wurden gebracht, halbhohe, farblose Glasbecher: als allen eingeschenkt war, stand der Chefarzt auf, es schien, als wolle er ein Wort sagen, und wie auf ein geheimes Kommando hin erhoben auch wir uns. Doktor Wieland bewegte seine Lippen, aber es kam kein Wort. So tranken wir denn schweigend: strenges, weltliches Sakrament, das kein Lippenwetzen erlaubte, keine Verrenkungen und kaum einen Blick. Wem tranken wir zu?

Dann setzten wir uns wieder, und auch jetzt mochte keiner das schwarze Totenmahl verstören durch irgendwelche Worte.

Warum habe ich Schwester Ulrike gesagt: Stefan ist der Heizer? Bin ich so mitschuldig geworden an ihrem Rettungsversuch, der jede Rettung vereitelte? Und: was soll nun mir die Kerze, die dem Jüngelchen versprochene, die Kerze für das Fest Chanukka? »Siebzehn« hatte der gerufen, ehe er wieder ins Führerhaus stieg, der Gelbe im Lammfellmantel. Aber hier zählt keine Zahl. Sie heiße tausendmaltausend oder sie heiße eins – nur eins – nur Leib: jede heißt Zerstörung. Rinde wird aufgerissen, die gute Rinde am Baum des Lebens.

Was ist das: das Herz krampft sich zusammen? Ich weiß es seit dieser Abendstunde. Denn eben dieser Krampf drückte mir das Glas, das ich umschlossen hielt, zusammen, die Scherben schnitten sich in drei Finger meiner rechten Hand, und es begann sogleich, wie immer bei mir, heftig zu bluten. Apotheker Jablonski, der mir gegenüber saß, bemerkte es fast gleichzeitig mit mir selbst: »Herr Pfarrer, was machen Sie denn für Sachen? Sind Sie Glasfresser? . . . Warten Sie, ich habe gerade zufällig da drüben Zeug liegen.«

Er hatte auf einem Nebentisch frisches Verbandmaterial abgelegt. Er brachte das richtige; Doktor Braun, mein Tischnachbar, verband mich: und so, im kleinen Aufruhr des Lebens, ging das seltsame Mahl zu Ende. Der Chef hatte mitten in der Unruhe das Zeichen zum Aufstehen gegeben, nun kam er zu uns herüber und sagte, nach einem Blick auf meine Hand: »Ich muß gleich noch einmal auf meine Station; wenn Sie hier fertig sind, Braun, kommen Sie bitte auch noch hinüber.«

»Wir sind gleich fertig«, sagte Doktor Braun, und ich darauf zum Chef: »Tut mir leid, daß ich den Wirbel verursacht habe. Es muß ein richtiger Krampf in der Hand gewesen sein.«

»Was Wunder«, sagte Doktor Wieland und nickte mir zu.

»So, reverendissime, jetzt wird es halten. Kurz vor Kriegsende ist es wieder heil. Der Spruch paßt ja nicht immer; aber hier, denk ich, wollen wir ihn gelten lassen.«

»Schönen Dank, Herr Braun. Und vielen Dank auch Ihnen, Herr Jablonski. Gut, daß Sie gleich das Verbandzeug da hatten.«

»Aber bittschön. Aber gar kein Wort . . .«

Stabsarzt Jarisch hatte bei dem Hilfsdienst nur eben zugeschaut. Ich wollte ihm gerade die Hand reichen, die linke nun, zum Gutenachtsagen, da nahm er mich mit einer fast scheuen Bewegung ans Fenster. In das unbestimmte Dunkel schaute er eine gute Weile hinaus, und es war nicht schwer zu erkennen, wohin er blickte. Dann schickte er sich zum Gehen an.

»Haben Sie das gesehen, wie der kleine Junge vorhin auf den Wagen sprang? Und was er für ein hübsches Löffelchen an der Seite stecken hatte, den reinsten Zierdegen hatte er, wie ein Chevalier.«

»Ja«, sagte ich. »Ja, Herr Jarisch, ich habe es gesehen.«

Das mit Katz

Ein Wort, ein Pfennig nur,
Unscheinbar und gering,
Geschrieben wie gesprochen
Ein ruhlos-taumelnd Ding.
Und doch – es kann geschehn,
So es dem Geist gefällt:
Ein unverwechselt Wort
Verwandelt eine Welt.

Eine Geschichte, meine Geschichte, meine Märzgeschichte?
Also: Friedensvikar und Kriegsleutnant, Organist und Posau-
nenbläser, Dreiundzwanzig und Humpelbein, Mutters Sohn
und stellvertretender Hausverwalter in Berlin-Lichtenberg:
da hast du meine Biographie vom März 45, und wenn ich
denke, daß wir da jetzt, fast vierzig Jahre später, hier in dem
Pfarrgarten am Meer sitzen, und das Feuer im Kamin brennt,
wir haben einen Bommerlunder vor uns, und nachher können
wir zu unsren Frauen ins Haus hinauf, oder Heinrike bringt
uns deinen guten Württemberger Wein herunter – dann ist
das Leben doch aus dem Stoff, aus dem Wunder gewoben
werden, und die Geschichte, die ich dir erzählen soll, gehört
dazu, sie ist bald erzählt, du paßt aufs Feuer auf und legst zwei
Scheite nach. So lange wird sie dauern.

Ob es sehr schwierig gewesen sei, da in diesen letzten Kriegs-
wochen in Berlin, hast du gefragt. Ich will sagen: Ja und nein.
Es war da zuletzt alles auch wieder einfach geworden; nicht
primitiv, aber so, daß man sich sagte: fast alles, was vorher
gezählt hatte, zählt nicht mehr, man kann nichts mehr festhalten. Im Sieb bleibt – ja, was bleibt? Soll ich sagen: die Zehn
Gebote Gottes und die Sieben Werke der Barmherzigkeit. Du
weißt ja: ›Hungrige speisen‹, ›Durstige tränken‹, ›Tote begraben‹ . . . Das mit dem Hunger ging so ungefähr; das bißchen,
was man so hatte, kam irgendwann am Tag auf den Tisch, für
mehr als zwei Stunden gab es kein Gas und keinen Strom –;

mit dem Trinken war es schwieriger; man konnte nur noch abgekochtes Wasser verwenden, und das Kostbarste, was man suchen mußte, war ein Kasten Mineralwasser. ›Gefangene besuchen‹: das war schlimm. Man wußte: Gefangene sind hinter soundso viel Türen in dieser Stadt, und man kann sie nicht besuchen. Und die Toten – irgendwann in der Frühe, wenn der Alarm vorbei war, mußte man sie begraben. Mit den Angriffen waren wir hier in Lichtenberg ein bißchen besser dran, bei Herzberge waren große Krankenhäuser, und die roten Kreuze auf den Dächern wurden zu Zeiten respektiert. Ich kam gleich in eine der Ambulanzen dort; alle drei Tage mußte ich den Verband an der rechten Ferse erneuern lassen, und sie machten das so sorgfältig, als wäre Friedenszeit; du weißt das ja noch von unsrem Znaimer Lazarett, daß alles nebeneinander herlief: die Heeresdienstvorschrift und der halbe Weltuntergang. Du wirst lachen, wenn ich dir sage, was ich damals in ziemlich vielen Stunden getan habe: ich habe Hebräisch repetiert, Zweiten Mose gelesen, Buch Exodus; irgendwann, wenn es wieder Prüfungen geben wird, würde ichs brauchen können. Ich hatte ja plötzlich etwas, was es eigentlich gar nicht mehr gab: ich hatte Zeit. Und ich dachte: wenn sie einen nun vielleicht doch nicht mehr totschlagen, dann sollte ich eigentlich auch diese Zeit nicht totschlagen, und wenn es einen trifft, dann hat man doch zuletzt noch etwas Anständiges getan.

Meine Mutter hatte ihre Hausverwaltung gut im Griff, und das Haus war noch heil; natürlich nahm ich ihr jetzt, wo ich da war, einiges von den Schreibereien ab, die gehörten ja immer noch dazu. Mit den Mietern kam man ja durch den Alarm beinah täglich im Luftschutzkeller zusammen; ich kannte sie zum Teil von früher her, und ich kannte auch sonst noch eine Anzahl Leute, die zu meiner Mutter ins Haus kamen. Da war die Frau Mauch, eine Hausschneiderin, die ganz in der Nähe in der Laubenkolonie lebte; sie hatte früher bei meiner Mutter manches genäht und kam auch jetzt zuweilen auf eine Stunde. Ich hatte mein Zimmer neben der

Wohnstube und war froh, daß ich da ziemlich ungestört arbeiten konnte; aber von den Wohnzimmergesprächen drang doch vieles zu mir, und wenn Frau Mauch da war, hörte ich nichts vom Krieg und von den Lebensmitteln und was sonst so geredet wurde. Da ging es um die Bibel, um Harmagedon, Jerusalem, Zion und die ›weißen Kleider‹. Frau Mauch gehörte zu einer Sekte, einer Mormonengruppe, ich glaube, zu den ›Heiligen der letzten Tage‹, und sie war mit ganzer Inbrunst bei der Sache. »Frau Mauch war da«, sagte dann, spät am Abend, meine Mutter, »ich habe dich nicht herübergerufen, aber sie wollte dich dabei haben. Ihr Sohn ist ja jetzt da, der studierte Herr, sagte sie, der muß Ihnen sagen, daß ich recht habe. Wenn sie so zugange ist, dann ist ja kein Durchkommen mehr.« Nun, ich war froh, daß man mich nicht gerufen hatte, ich hätte ihr auf zehn nicht zwei antworten können. Übrigens sah sie recht hübsch aus, zierlich, die Mauch'sche: später sind mir manchmal recht finstere Fanatiker begegnet unter den Sektenleuten; so war sie nicht. Und ihre Bibel: die war einmal bei meiner Mutter liegengeblieben, und neben all den roten, grünen und blauen Unterstreichungen nahm sich meine Studentenbibel recht armselig aus. Nein, die Frau Mauch mit ihren ›Heiligen der letzten Tage‹ war gewiß kein Hauskreuz, eine wirkliche Hauslast war nur das mit Katz, und das ist meine Geschichte; aber die Frau Mauch gehört in die Geschichte hinein; ich glaube, ohne sie hätte ich mich nicht an das mit Katz gewagt.

Katz war der einzige Hausgenosse, den ich noch nie, wenigstens mit Bewußtsein noch nie gesehen hatte; ich war ihm nur bei meinen Schreibpflichten in den Listen meiner Mutter begegnet; er wohnte mit seiner Frau im vierten Stock. ›Erwin I. Katz‹ stand in der Liste, und das ›I‹ hieß Israel. Daß er Jude war, wußte meine Mutter also unzweideutig, und wiewohl die so verschwiegen war, wie man damals sein mußte, wußten das auch die Hausbewohner, alle, und sie wußten noch mehr. Es war ein finsteres Geheimnis um diesen Katz. Ich war nicht neugierig und schon gar nicht auf Sensationen aus, aber nach vierzehn Tagen wußte auch ich dann ziemlich viel. Zunächst dachte ich dabei, was man so zuerst denkt: Gerüchteküche. Meine Mutter wollte ich nicht ausfragen, sie nahm den Namen ›Katz‹, das merkte ich, ungern in den Mund, aber die Mieter sprachen deutlich genug. Katz ist Jude. Katz trägt keinen Judenstern. »Warum trägt Katz keinen Judenstern?« »An Katz kommen se nicht ran.« »Wer kommt an Katz nicht ran?« »Sei'n Se froh, Herr Leutnant, daß Sie nich alles wissen.« »Katz hat große Beschützer.« »Wieso hat ein Jude im März 45 große Beschützer?« »Das is es ja eben. Katz ist ein Spitzel. Er verrät. Er verrät die Unterseeboote.« »Was verrät er?« »Gott, Herr Leutnant, Sie kommen von draußen. Unterseeboote: das sin' doch die Untergetauchten, die Nichtarier, wenn Se's genau wissen wollen.« »Und die verrät Katz?« »Die hat er verraten, noch und noch. Man hat es schon gewußt, als sie hier draußen einzogen. Seine Frau ist Nichtjüdin, aber die darf ja den Mund nicht aufmachen. Schon in der letzten Wohnung haben sie ihn nicht mehr in den Keller gelassen beim Alarm, und hier darf er auch nicht. Seine Frau, ja, bitte schön, da ist nichts zu sagen. Aber er – er soll oben bleiben. Da lebt er nicht schlecht. Katz lebt besser als wir alle. Ich habe sie doch gesehen, die Herrschaften in Zivil, schnieke, mit den großen Taschen, nicht rechts, nicht links, geradewegs in'n vierten Stock. Da bringen sie ihm seinen Judaslohn.« Einmal, die Mieterin vom zweiten Stock: »Jott, Herr Leutnant, ick habe gestern Katz'n jesehen. Ick habe mir so jegrault.« »Ihnen tut er nichts«, habe ich dann erwidert, wie man eben etwas sagt. Aber es war mir nicht wohl bei dieser Antwort.

Dann kam ein kurzes Gespräch mit meiner Mutter, ich war zum Gute-Nacht-sagen noch zu ihr gegangen: Frau Mauch war vorher bei ihr gewesen, und ich hatte wohl etwas so Dahingesagtes über ihre Bibelforscherei gemurmelt, ich weiß meine Worte nicht mehr. Nur die Antwort meiner Mutter, die weiß ich noch. »Ja, es kann schon sein, daß du recht hast«, sagte sie. »Aber dann wird es eben doch so sein, daß am

Jüngsten Tag die Frau Mauch ›mit weißen Kleidern angelegt‹ sein wird; sie, gerade sie.« Ich sah zur Mutter hin, das waren neue Worte aus ihrem Mund. »Sie hat mir erst heute etwas erzählt, was sie werweißwielang verschwiegen hat: sie hat so ein Unterseeboot bei sich in der Laube, stell dir das vor. In dieser Dachpappenlaube mit den zweieinhalb Zimmern. Einen Jungen hat sie dort versteckt, neunzehn, zwanzig Jahre alt, es soll ein hübscher Bengel sein, adrett und helle. Wenn Katz das erfährt – und wenn sie den holen, ihn und die Frau Mauch dazu . . .«

»Hast du den Jungen schon einmal gesehen?«

»Ich? Noch nie. Der arme Kerl darf ja nie an die Luft, höchstens, wenn Alarm ist. Dann geht er da auf das Stückchen Wiese hinter der Laube bis zum Drahtzaun.«

»Wenn du ihn nicht gesehen hast, dann kann Katz ihn ja auch nicht kennen.«

»Sag das nicht. Solche wie Katz, die hören das Gras wachsen.«

»Traust du eigentlich dem Katz wirklich das mit dem Spitzeldienst zu?«

»Ach du, ich würde von so was doch kein Wort reden, auch zu dir nicht, wenn ich nicht sicher wüßte, daß es stimmt. Ich habe sogar ein paar Namen von Abgeholten, bei denen Katz die Finger in der Sache hatte. Und was er angefangen hat, muß er ja nun wohl weiter treiben. Jetzt haben die da ihn selbst an der Strippe.«

Wir sagten uns das ›Gute Nacht‹, aber es wurde keine gute Nacht. Da ist der Mörder, und da ist, keine hundert Meter entfernt, der andere, der ausgeliefert werden kann, und ich bin da und bin der, der es weiß. Und dann gehe ich in meine Stube und lese im Buch Auszug, lese vom Berg Sinai: ›Gedenke des Sabbat-Tags, daß du ihn heiligst‹ und ›Du wirst nicht töten‹ – ›Lo tirzach‹ – und das ist alles.

Mein Erzähler machte eine Pause, als fürchte er sich vor dem Weitererzählen. »Leg doch noch ein Scheit nach«, sagte er.

»Oder weißt du: du legst das Scheit nach, und wir gehen tausend Schritt aufs Meer zu, um halb zehn ist heute Flut, du hörst sie schon kommen. Nachher sehen wir weiter ins Feuer. Es wird jetzt schlimm.«
Wir liefen durch den Garten und dann ein Stück weit die Uferstraße hinauf. Ich sagte nichts. Der Freund sollte wieder anfangen.

Es war am dritten Abend nach dem Gespräch mit der Mutter. Zwei Tage waren die Engländer nicht dagewesen, so würden sie heute wohl wiederkommen. Ich hatte mich bei einem Besuch verspätet; zwischen Tag und Dunkel wollte ich eigentlich immer im Haus sein. Aber ich hatte, als ich auf unser Geviert zuging, so intensiv an die Frau Mauch gedacht, daß ich den kleinen Umweg über die Laubenkolonie wählte ... es waren nur so acht oder zehn Minuten Umweg; da fingen die Sirenen schon an. Du, das hören wir doch bis an unseren Tod. Ich konnte nicht mehr zurück, Schutzräume gab es da kaum, oder, wenn es sie gab, so fand ich sie doch nicht, und es war wie immer: die Leute waren gleich wie vom Erdboden verschwunden ... aber als ich an der Mauch'schen Laube vorbeikam, da sah ich plötzlich einen, den ich noch nie gesehen hatte. Er stand hinter dem Zaun bei Mauchs Laube und streckte beide Arme aus. Ich hatte keine Zeit, stehenzubleiben und mit die Gestalt, diesen Atemholer, anzuschauen, ich wußte, die Mutter ist jetzt unruhig. Ich war ja schon nah, konnte unser Haus sehen; und da sah ich – zwischen Tag und Dunkel kann man ja noch sehen –, wie oben bei uns im Haus ein Verdunklungsvorhang hochging, und im Fenster stand einer, der hinausschaute, er mußte mich sehen, und ich wußte: der Späher am Fenster ist Katz. Und da, erst da, wußte ich auch, wer da vorhin am Zaun der Mauchlaube die Arme ausgebreitet hatte: der Schützling der Frau Mauch, der Junge, das Unterseeboot. Und jetzt hat der eine, der Katz, den anderen, den Nemo, ich weiß keinen Namen, vielleicht entdeckt, und jetzt wird es – vielleicht – so kommen, wie es die

Mutter gesagt hat. Sie werden einbrechen, dastehen und finden. Und zu Katz wird wieder Vorrat kommen, Wein und Sekt und Tabak und Kaffee, dreißig Silberlinge, und auch die Frau Mauch werden sie mitnehmen, und dann ist sie also wirklich bei den ›Heiligen der letzten Tage‹. Aber so wird es nicht kommen. – Der Alarm betraf uns an diesem Abend nicht, ich saß bald wieder in meiner Stube und las noch eine Weile in die Nacht hinein, das Exodus zwanzig sollte man ja eigentlich auswendig können, danach fragen sie bei der Prüfung. ›Lo tirzach‹: »Du wirst nicht töten.« Ich hatte nicht getötet, in all den Soldatenjahren nicht; – ein Funker weiß freilich nicht, was aus seinen Funksprüchen wird –. Aber wie nun weiter? Werde ich Katz stellen? Werde ich Katz erschießen? Ich werde Katz erschießen. Ein Verräter darf nicht mehr verraten. Ich werde ihn erschießen. Was nachher kommt, kommt nachher.

Ich brauchte noch eine Nacht und einen Tag und noch einmal eine Nacht. In der Frühe dann, ich hatte nichts von einem Lazarettbesuch gesagt, die Mutter sah mich:

»Nanu, heute in Uniform? Hast du was vor?«

»Einen Besuch«, sagte ich, und sie fragte nicht weiter.

Oben an der Wohnungstür Katz blieb es lange still. Ich hatte mich auf Frau Katz gefaßt gemacht: die kannte ich vom Keller; dort kam sie meist als letzte, huschte nur geradeso herein und ebenso leise nach der Entwarnung wieder hinaus, meist ohne ein Wort . . . –

Aber dann war es Katz selbst, der die Tür einen Spalt weit öffnete.

»Herr Off'sier«, sagte er, als er mich erkannte; er schien zu wissen, daß ich zum Haus gehöre. Ich hatte gleich, als die Tür aufging, einen Fuß in die Öffnung gestellt, auf so etwas kommt es ja unter Umständen an. Eine Wohnstubentür rechter Hand stand offen. Und die Stube war – wie sag ich? – etwas Besonderes: halbdunkel, oder fast ganz dunkel, verhängte Regale, zwei Wandschränke; ›Totenzimmer‹ dachte ich, oder ›Speisekammer‹ oder beides zugleich; ein Warenlager, notdürftig getarnt, Büchsen, Flaschen, Gläser, starker Brodem von Kaffee und Tabak – und Katz selbst sah aus wie dieser Vorratsstapel. Er hatte sein Frühstück noch vor sich und sagte, der Tonfall war österreichisch: »Eine Tasse Kaffee, wenn's gefällig ist!« Ich hatte noch kein Wort gesprochen und gab auch jetzt keine Antwort. Eine verneinende Gebärde muß genug sein. Man kann nicht Kaffee trinken mit einem, dem man ans Leben will.

Ich sagte: »Herr Katz, ich bin erst seit vierzehn Tagen bei meiner Mutter im Haus: aber ich muß ja ungefähr im Haus Bescheid wissen, und so weiß ich also Bescheid. Sie sind Jude, und Sie tragen keinen Stern. Ich kann mich über den Judenstern nicht freuen, und ich könnte froh sein, daß Sie den Stern nicht tragen müssen. Aber ich kann nicht froh sein. Und Sie wissen, warum ich nicht froh sein kann.«

»Ich weiß nicht, wovon Sie reden.«

»Sie wissen, wovon ich rede!«

Wir standen in der Mitte des dunklen Zimmers. Ich löste die Schlaufe von der Pistolentasche. ›Lo tirzach‹ ging es mir durch den Sinn, und dann sagte ich mit unveränderter Stimme: »Sie haben Menschen verraten, ausgeliefert, zum Tode gebracht, gemordet.«

»Ich habe, Gott behüte, ich habe nicht gemordet.«

»Sie haben verraten.«

»Wen habe ich verraten?«

»Sie haben« – ich zog ein Blatt aus der Brusttasche und las zwei Namen, die dort zuoberst standen. Katz hörte mit unbewegter Miene zu. Ich nannte einen dritten Namen, da zuckte er zusammen.

Ich kam auf die ersten beiden Namen nicht mehr zurück, aber den dritten Namen wiederholte ich und nannte dazu eine Adresse, eine falsche Adresse; ich sagte: ›Steglitz‹ und verbesserte ›Friedenau‹. Ich ließ Katz keine Sekunde aus den Augen. »Friedenau stimmt doch?«

Katz gab keine Antwort; noch verriet er sich durch keine

Gebärde, aber ich sah genug. Er wußte, daß er sich doch verraten hatte. Ich las noch drei weitere Namen. Sie fielen wie Geröll im Steinbruch in die schwarze Stille dieses Zimmers. Katz sah mich nicht mehr an. Ich stand wie auf dem Appellplatz mit einem Tagesbefehl in der Hand und schwieg.

Endlich Katz: »Nu, Herr Leutnant, was wollte ich machen? Man will doch leben.«

Das war die Kapitulation. Und nun muß ich also zuschlagen. Wer, heiliger Gott, hat verlangt, daß ich nun zuschlage?

Kein lautes Wort jetzt. Keine Diskussion. Keine Frage. »Herr Katz, Sie wissen, wer Sie sind, und Sie wissen, wer ich bin. Und Sie wissen, wie es steht. Sie kommen nicht durch, Jude Katz. Jetzt decken Sie Ihre Auftraggeber. Aber im Tauchbad sind Sie ein Jude, und im Leichenschauhaus sind Sie's auch.«

Nun hatte ich ›Jude Katz‹ gesagt und ›Leichenschauhaus‹, und ich wußte, während ich die Worte aussprach: So geht man nicht mit Menschen um. Aber da ist die Frau Mauch und da ist der Junge bei ihr –

»Herr Leutnant, machen Sie sich nicht unglücklich.« Ich hatte eine Handbewegung zur Pistolentasche hin gemacht, nicht mehr als dies, aber die hatte Katz sofort registriert. Ich gab kein Zeichen, ob ich seinen Aufschrei gehört hatte oder nicht. Ich stand da und schwieg. Und nun war hüben und drüben nichts als Schweigen.

»Herr Leutnant, ich werde keinen Namen mehr sagen.«

Und nach einer Pause dann: »Mein Ehrenwort. Keinen Namen.«

»Was ist dein Ehrenwort?«

»Herr Off'sier, ich schwöre.«

»Du schwörst? Kannst du schwören, wie ein Jude schwört? Hast du Thora gelernt?«

»Herr Leutnant, ich habe Thora gelernt. Ich habe beim Rebbe Baeck in Lissa Thora gelernt.«

»Dann« – sagte ich und machte eine Pause, »dann heb die Hand.«

»Aschabea«, sagte ich. Nun war das Wort in der Stube, das
›Ich schwöre‹ in der Heiligen Sprache.
»Aschabea lelohim«, sagte ich. »Ich schwöre bei Gott.« Und
Katz sprach es nach: »Aschabea lelohim.«
»Chai Adonai«, sagte ich. »So wahr der Herr lebt«, und Katz
sprach: »Chai Adonai.«
»Hast du Tefilla, Katz?« Ich fragte nach dem Gebetsriemen,
der zum Gelübde gehört.
»Ich habe nicht Tefilla.«
»Tefillin sind immer, auch wenn du keine hast. Sprich
Sch'ma, wie du's gelernt hast.«
Schweigen.
»Nun, wie hast du gelernt?«
Und dann Katz: »Sch'ma Iisrael –«
Ich sah ihn an. Die Vorratskammer Katz stürzt ein. Aber jetzt
gibt es kein Zurück mehr.
»Schema Iisrael« . . . »höre Israel.«
»Adonai elohenu« . . . »der Herr, unser Gott.«
»Adonai aechad«, sagte Katz: »Ist der eine Gott.«
Schweigen. Ich sah Katz nah an seinem Tisch stehen. Die
Stirn war dunkelrot, Schweißperlen standen auf der Stirn, die
Lippen waren weiß; ich hörte, wie die linke Hand wieder und
wieder an der Tischplatte anschlug. Ich habe nur dies eine Mal
im Leben gesehen, wie ein Mensch in einer Stunde alt werden
kann. Ich sollte aufhören. Aber ich darf nicht aufhören.
Jetzt Katz: »Verzeihen Sie, Herr Leutnant, ich möchte absit-
zen. Mir ist übel.«
»Wir sind noch nicht fertig. – Lo erzach«, sagte ich; »was
heißt ›Lo erzach‹?«
Katz: »Nicht töten.«
»So heißt es nicht. Was heißt: ›Lo erzach‹?«
»Ich werde nicht töten.«
»Heb die Hand auf und sprich: Lo erzach.«
»Lo erzach.«
Ich gab ihm ein Zeichen, daß er sich setzen könne, und machte
Anstalt, mich auch zu setzen. Vorher schloß ich mit einer

Hand die Pistolentasche. Ich hörte unsre Stimmen, die ›Lo erzach‹ gesprochen hatten. Auch meine Stimme war dabei gewesen: »Ich werde nicht töten.«

Ist noch etwas zu tun? Sag ich noch: Gib mir die Hand darauf? Nein, das sage ich nicht. Er soll wissen, daß er nicht mir etwas in die Hand versprochen hat. Er hat beim Leben Gottes geschworen: »Chai Adonai«, »so wahr der Herr lebt.«
Nach einer Weile sage ich: »Leben Sie wohl, Herr Katz.« Wer ist der, der da ›Herr Katz‹ sagt? Wem gehört die Hand, die sich nun doch ausstreckt? Bin das ich? Und: Was habe ich getan?
Ich stand auf. »Bleiben Sie«, sagte ich, als Katz sich an-schickte, mich zu begleiten. Ich wollte allein zur Tür.
Spät am Abend habe ich meiner Mutter berichtet. Nur drei Sätze.

Das ist die Geschichte. Siehst du, drei Scheite haben gereicht. Wollen wir hinauf zu den Frauen? Noch nicht? Nein, noch nicht. Noch nicht zu den Worten. Worte. Babylon. Aber damals, im vierten Stock bei Katz, da war es doch nicht Babylon.

Die Geschichte ist wahr. Katz lebt nicht mehr, und die gute Frau Mauch ist lange schon tot. Aber der Junge lebt – und ist kein Junge mehr.
Leg noch ein Scheit nach –

Gedichte

Die Schritte

Klein ist, mein Kind, dein erster Schritt,
Klein wird dein letzter sein.
Den ersten gehen Vater und Mutter mit,
Den letzten gehst du allein.

Seis um ein Jahr, dann gehst du, Kind,
Viel Schritte unbewacht,
Wer weiß, was das dann für Schritte sind
Im Licht und in der Nacht?

Geh kühnen Schritt, tu tapfren Tritt,
Groß ist die Welt und dein.
Wir werden, mein Kind, nach dem letzten Schritt
Wieder beisammen sein.

Die Kerze

Nein, du darfst dich nicht bewahren,
Bist du anders je erwacht,
Laß die Sterne strahlend fahren
Über deiner kleinen Nacht;

Laß getrost Aeonen dauern
All dies vielgerühmte Licht,
Aber sieh mit Erdenschauern
Weißer Kerze Nachtgesicht.

Eine Dunkelheit vertreiben
Darf die Kerze, schmal und still –
Bruder, willst du anders bleiben,
Als die weiße Kerze will?

Laß der Ruhmeslast Verzeichnis
Uneröffnet, unerstrebt,
Da der Kerze reines Gleichnis
Höherer Bestimmung lebt.

Lebt: zu dauern nicht, zu leuchten,
Leuchtet allen im Vergehn –
Unsre Lose, Bruder, deuchten
Mir im Kerzenlicht zu stehn.

Stern und Tier und Blume kennen
Nur die willenlose Zeit,
Erst im eigenen Verbrennen
Sind wir menschlich eingeweiht.

Stern und Tier und Blume fallen,
Wie ein rotes Herbstblatt fällt.
Bruder, wir allein von allen
Sind zu freiem Dienst bestellt.

Frei darfst du den Abschied geben
Jedem Glück, das du erwirbst,
Denn du stürbest, würdst du leben,
Und du lebst, dieweil du stirbst.

Erschütterung

Zu denken, daß es Jahr und Tage gab,
Da du die Welt und dich die Welt geliebt –
Der Strom, auf dem die großen Schiffe fahren,
Das weite braune Land, die hellen Pappeln,
Der Wind vom Meer her und der weiße Glanz,
Der über beide, Erd und Himmel, fährt
Gleich dem Gestirn, des Weg ohn End und Anfang.

Zufror der Strom. Und winterliche Spiele,
Die Lust am Eislauf und der Ferne Lust,
Umfingen dich wie Tanz und Liebeswort.
Aufsprang das Eis in eines Frühlingsabends
Mildwarmer Dämmerung, und das Herz begann
Zu atmen, ach zu strömen, innig jung.

Und all die große Herrlichkeit zu denken:
Des Tags Beginn, die morgendliche Flamme,
Wie sie durchleuchtet ragendes Geäst,
Die hohe Feier und die frühen Schatten,
Mondsichelglanz in einer blauen Nacht –

Und dies zu denken: daß Musik, Musik,
Der Geigen, Flöten, der Oboe Wohllaut,
Des Weltalls und der Harmonien Gespräch
Dich einbezogen in den heilgen Kreis
Zu Ruf und Echo, zu geheimer Wandlung –
Dies Deine denn.

Und dann, o dann zu denken,
Daß unterdes auch mir die Welt erschien,
Tag, Nacht und Sturm und rätselvolle Botschaft,

Geburt und Tod und Liebe und Gefahr.
Ich schwieg und lauschte. Und ich sah und sang.
Ich lebte. Aber dies zu denken, daß
Ich lebte, auf der Welt war, irgendwo,
Und nicht bei dir, und nicht mit dir, in dir:
Unwiderruflich dies zu End zu denken
Vermag ich nicht —

Bratapfel

Die drei schönsten von der Hürde
Nimm, so hebt das Braten an,
Apfelbraten – nach der Würde:
Kaiser, König, Edelmann.

Steck die gelben in die Röhre,
Gib dem Ofen den zur Hut –
Wenn ich Windessausen höre,
Schmeckt November noch so gut.

Jetzt gewartet. Unterdessen
Magst du in die Wolken sehn;
Freilich sollst du nicht vergessen,
Ein- und zweimal umzudrehn.

Bräunt das Goldne, schmilzt das Weiße?
Und was funkelt rot mich an?
Welcher ists, der Kaiser heiße,
König wer und Edelmann?

Nur ein Weilchen noch, ihr lieben
Fleißigen ... da habt ihr scheints
Beide Tafeln schön beschrieben,
Zweimalzwei und Einmaleins.

Hier am Westchen hundert Maschen
Ernsthaft rechts und links gestrickt.
Wohl ... doch jetzt beiseit die Taschen,
Her zum Ofen, hingeblickt!

Seht ihrs nicht mit Mund und Händen?
Duftets nicht in Aug und Ohr?
Wie, daß wir den Zauber fänden
Heimlich hier im Zauberrohr?

Wie, daß man im Zubereiten
Eine Winterabendwelt,
Alle Tag- und Jahreszeiten
Unversehns in Händen hält!

Heißer Saft will niederträufeln,
Und wer soll nun Kaiser sein?
Auch noch Zucker willst du häufeln?
Nimm den Apfel, er ist dein!

Bangnis

Noch eben waren die Birnen schwer,
Jetzt sieht man kaum mehr den Baum –
Das Dunkel kommt so plötzlich her
Und raubt sich den täglichen Raum
Und macht die Ebene wach und weit
Und macht die Wälder bang,
Und wer noch wandert um diese Zeit,
Dem werden die Straßen lang –

Und die auf den dunklen Treppen gehn,
Machen sich furchtsam Licht,
Und wer allein ist, dem kann es geschehn,
Daß er laut mit sich selber spricht –
Und Kinder fangen an zu schrein
Und rufen zur Mutter hin.
Das Dunkel aber spricht allein
Zu allen sein »Ich bin«.

Ewige Heimat

Nimmer der Weite gehört und nimmer dem endlosen
                                    Wandern
Stunde und Herz. So will das Gesetz es der Wandlung.
Aber wie sollt ich vergessen
Heller Ferne Gesang?

Wie verlör ich die Nacht, wie sie nur Wandernden aufgeht,
Und den sprengenden Reiter Orion am Himmel
Und darunter der Städte
Und Gehöfte Gestalt?

Und das Gefühl von Heimweg, und wie die Bäume dort
                                    stehen
Anders als sonst, und anders scheinen die Lichter,
Ach, gehört nicht dies alles
Dem nur, der es verläßt?

Hart ist des Amtes Befehl und des Dienstes täglicher
                                    Anspruch.
Bitter ist Müdegewordensein. Aber noch immer
Tut über brennenden Augen
Ewige Heimat sich auf.

Sieben Leben

Sieben Leben möcht ich haben:
Eins dem Geiste ganz ergeben,
So dem Zeichen, so der Schrift.
Eins den Wäldern, den Gestirnen
Angelobt, dem großen Schweigen.
Nackt am Meer zu liegen eines,
Jetzt im weißen Schaum der Wellen,
Jetzt im Sand, im Dünengrase.
Eins für Mozart. Für die milden,
Für die wilden Spiele eines.
Und für alles Erdenherzleid
Eines ganz. Und ich, ich habe –
Sieben Leben möcht ich haben! –
Hab ein einzig Leben nur.

Nach schwerem Winter

Ob dir gleich in winterwährend
Dunkler Welt den Sinn versehrt
Schwermut, die der süßen Hoffnung
Flügelschlag und Flug verwehrt,

Ob der Hall vom Schrei der Krähen
Dir im Ohr noch, lang und bang,
Und aus Nächten, vieldurchwachten,
Klagender, des Windes Klang –

Ach das Herz, es mild zu trösten,
Ist das Kleine groß genug:
Eine gelbe Krokusblüte,
Einer Wolke Frühlingszug.

Gruß an Rumänien

Nun, da es hoher Sommer wird, denk ich, Rumänien, dein:
Wie glühend mag, du Sommerland, dein hoher Sommer sein.
Schwarzerdges Mais- und Weizenreich, schwellend von
                                    Lust und Kraft,
Du Land wie eines Weibes Leib in heißer Schwangerschaft.

Nun birst von Farbe, Frucht und Duft der Markt von Craiova,
Goldroter Aprikosenberg und grüne Paprika,
O dunkelblaue Eierfrucht, Schafkäse, Öl im Krug,
O weißer Wein von Mediasch, nie trank ich dich genug!

Nun treiben sie nach Temeschburg das schwarzgefleckte Vieh,
Viel buntgesticktes Reisekleid, weißlinnen, tragen sie,
Und haben Rundgesang und Tanz und Lieb und Liebesleid,
Und trinken an der Erde Brust die große Trunkenheit.

Benachbart wohnen sie zusamt, mit Stab und Pflug und Netz,
Hirt, Bauer, Fischer, Musikant, in Landfried und Gesetz,
Schwarzäugiges Rumänenvolk, Bojar und Bürgersmann,
Und allen ist das eine Licht des Himmels aufgetan.

Vor der Ikone beugt sich tief zum Kuß der Diakon,
Und durch die Kathedrale dringt ein langgezogner Ton,
Es singt der Priester, angetan mit silbernem Brokat,
Den alten, heilgen Glaubensruf: Christos a inviât!

O Morgenlicht am Predeal zu der Karpaten Fuß,
O Schlaflied aus der Walachei und weißer Sterne Gruß!
Von allem Land auf weiter Fahrt, das irgend mir geschah,
Kein zweites war mir lebenssüß wie du, Romania!

Abends im Tessin

War es gestern – und wann war es?
Dies der Weg zum Tisch aus Stein.
Abend im Albergo Ronco,
Weißes Brot und dunkler Wein.

Du die Flöte, ich die Stimme.
Stimme schweigt und Flöte ruht.
Ich die Trauer, du die Tränen –
Schlaf ist über beiden gut.

Wiederkehr und Wiederfinden
O das ferne Ichunddu!
Heimweh sagt: ein Tag währt ewig,
Liebe weiß: ein Jahr – ein Nu.

Hier, da wir des Weges kamen
Bang-erglühten Angesichts,
Was geschah seit jener Stunde
Goldengroßen letzten Lichts?

Nichts, als daß ein Mandelbäumchen
Ein- und zweimal Blüten trug –
Wandellos bleibt Liebesantlitz,
Flötenholz und Tränenkrug.

Aber im Winde das Wort

Gut ist die Hausung, der Hort,
Und der Menschen Zuzwein und Zudrein,
Aber im Winde das Wort
Heißt: immer ist einer allein.

Glückliche Stunde am Meer
Und der Einklang des Lebens so groß!
Vogel, flieg – und wie leicht ist das Schwer,
Weiße Flut – und wie lösest du los!

Und der fremde Schritt wie vertraut,
Wie verwandelt das Fern und das Nah,
Wir wagen den leisesten Laut,
Und die Botschaft des Trostes ist da.

Und wir wenden den Fuß, und es schließt
Sich der Tag und es schließt sich der Kreis.
Schicksal selbst, das zornige, fließt
Gelind und gelinder – ich weiß.

Aber da stürzt es herein,
Dunkel ins selige Licht:
Immer ist einer allein,
Und ich helfe ihm nicht.

Immer Kiefer am Waldrand

Immer Kiefer am Waldrand
Ausgesetzt immer
Beiden: der Kälte, der Glut –
Jetzt dem feuchtzornigen Sturm,
Jetzt dem schweren Gesetz der
Nichts-als-verrinnenden Zeit.
Breit ist – o Jahrlast – der Stamm,
Leicht nur und offen die Krone, ach
Wenig Zuflucht im Wetter.

Wenig Zuflucht, ich weiß,
Ist ein erschrockener Mann.

Nur die Liebenden, wenn
Ihnen das Wort sich versagt,
Fühlen, da sie sich halten
(– komm nur, lehne dich an! –)
Fühlen im rissigen Holz
Preisgegebenen Lebens
Jähe Verwandtschaft.

Für Brigitte

Liebes Kind, es ist die Welt
Zwar ein Haus mit vielen Türen,
Aber also ists bestellt:
Bis zur Tür kann ich dich führen,
Klopfen mußt du dann und klinken
An der Türe ganz allein,
Ob dir Glück, ob Schmerzen winken,
Glück und Schmerzen werden dein.
Komm und geh und tritt herfür,
Segnen werden dich die beiden –
Glaub mir: an der letzten Tür
Sind sie nicht zu unterscheiden.

Nehmen, Geben

Nehmen. Geben. Wer zu rechnen liebt,
Der wird nie auf seine Rechnung kommen.
Leben lehrt: wer einen Finger gibt,
Dem wird gleich die ganze Hand genommen.

Gabst du? Wohl, du gabst. Nun warte nicht,
Daß die Jahre dir die Schuld begleichen.
Wags, ob auch die Klugheit widerspricht,
Soll und Haben kühnlich auszustreichen.

Dieses nur. Dann leg den Stift beiseit,
Armut wird dich unversehns versöhnen,
Ja, sie selbst, die karge Endlichkeit,
Will dich ans Unendliche gewöhnen.

Den Müttern

Vieles Böse geschieht.
Aber dieses, daß Kinder
Immer von neuem die Augen aufschlagen zum Leben,
Eben umhüllt noch vom Urtraum im Leibe der Mutter,
Und schon umfangen vom Auge der Sorge und Liebe.
Weinend zuerst,
Doch dem Weinen gesellt sich ein Lächeln,
Staunen sodann und Ergreifen und endlich ein Rufen –
Vieles Böse geschieht,
Aber dieses, ihr Mütter,
Dieses ist gut.

Zauber der Verwandlung

Für Hans Carossa

Nicht den Kreisel, Singekreisel,
Feuerrot und grün geründet,
Ringe und geschwungne Seile,
Spiegel nicht, auch nicht das bunte
Spiel der Bälle nenne, wenn du
Zauber nennst – und würfest du gleich
Ihrer sieben wie Rastelli –

Leicht noch heiße dir, was schwer ist:
So die Kunst zu musizieren.
Bogen, Steg und Griff und Saite,
Weißer Taste, schwarzer Taste,
Strengem Instrument entreißen
Himmelssturm und Erdenbeben
Und den Jubel und die Klage.

Nicht zu prahlen ziemt dir mit dem
Schnellen Sieg erglühter Sinne.
Gleicht doch Leben stets dem dunklen
Kohlenmeiler, der den Brand hegt,
Irdisch halb und unterirdisch;
Nur gelinden Winds bedarf es,
Und schon loht die hohe Flamme.

Dieses nicht. Und nicht das milde
Sterngeheimnis einer Freundschaft,
Nicht den Bund der schönen Geister
Nimm zum Zeugen, wenn dich einer
Fragte, ob du wissest um den
Einen würdigen und wahren
Reinen Zauber der Verwandlung.

Aber dies: ein Herz, ein schweres
Herz, des Nächsten Herz begleiten,
Einen Weg und vieler Wege
Aufundab und Hinundwider –
Binden, lösen, halten, heilen,
Heiter und wie sonder Mühe:
Solches rühme, wers vermöchte.
Aber wer, sag, wer vermag es?

Landschaft der Seele

Kein Himmel. Nur Gewölk ringsum
Schwarzblau und wetterschwer.
Gefahr und Angst. Sag: Angst – wovor?
Gefahr: und sprich – woher?
Rissig der Weg. Das ganze Feld
Ein golden-goldner Brand.
Mein Herz, die Hungerkrähe, fährt
Kreischend über das Land.

Im Beginenhof

Laß mich nur erst durch die Pforte,
Und ich will den Weg schon finden,
Diesen Weg im halben Lichte
Unter streng gestutzten Bäumen
Im Beginenhof zu Brügge
Wiesenein.

Und eingedenk,
Daß ich hier vor vielen Jahren,
Vielen Leben schon gewesen,
Mit Franziskus und Clarissa,
Mit der Mutter, mit dem Mädchen –

Rings im Gras der Frühlingsfrühe
Stehn die weißen Sternnarzissen,
Büschelweise. Ihrer sieben,
Ihrer dreißig hier und hundert.
Milde, grüne Seligkeit.

Geh' ich jetzt, so komm' ich wieder,
Wenn die Glocke Vesper läutet –
Drei Uhr, heil'ge Todesstunde –
Und die Schatten fallen ein.

Und ich wage nicht zu atmen,
Und ich denke: dieses will ich –
Gib mir Gnade, Gott! – am Ende,
Ganz am Ende dies noch sehen,
Wenn ich nichts sonst mehr erkenne.

Die Zuversicht

Freilich, das Feld ist zerstampft. Des grimmigen
      Hagels Gekörne
Schlug vor der Ernte den Halm, gab der Verwesung
       die Frucht.
Gift auch legte der Feind, der Feind im eigenen Lande.
Fiebernd taumelt ein Schwarm wilder Insekten im Sumpf.
Aber am östlichen Hang, wo eh das Feuer gewütet,
Prangt wie vor Jahren und neu weißen Holunders Geleucht.
Blieb ein einziger Keim. Doch bei dem einzigen Keime
Erd und nährendes Salz, Himmels erquickende Flut,
Zuversicht heischend. Und also, mit nicht geringerem Worte,
Ruft über Stunde und Tag dich der lebendige Geist.

Die Langverstoßne

Synagoge, Straßburger Münster, Seitenportal

Im Abendschatten hört erschrockne Seele,
Dies Bild betrachtend, ein geheimes Lied:
Die Langverstoßne ist die Sehrgeliebte,
Die Blickverhüllte, siehe, die Betrübte:
Sie wartet und sie weiß. Sie ist's, die sieht.

Über einer Todesnachricht

Fühlt es das Weltherz denn nicht,
  Wenn so viel Liebeskraft stirbt?
Wiegt ihm ein Leben so leicht,
  Weiß es so eilig Ersatz?
Wir, ach, wissen ihn nicht
  Und heißen wohl unersetzlich,
Was unserem Herzen entreißt
  Der großmächtige Tod.
Wege, ihr oftmals begangnen,
  Wie endet ihr plötzlich im Dickicht!
Stimme, du zwiesprachvertraute,
  Einsame, fürchtest du dich?

Sie freilich, die er uns nahm,
  Der geheime Verwandler,
Schweigen sie dunkelen Schlaf,
  Lauschen sie fernem Gesang?
Oder wärs, daß sie wirklich,
  Leicht nur ans Gitter gelehnt,
Nachbar noch hießen und Freund
  Jeglichem Lassen und Tun?
Wärs, daß wir rufen, und sie
  Kommen, die selig Befreiten,
Wärs – und sie blieben für immer
  Liebend auf unserer Bahn?

Die Taubensprache

(auf die Rückseite jenes Blatts geschrieben,
das den heiligen Franz, den Vögeln predi-
gend, darstellt – von Giotto gemalt –)

Er sagte ›dolce‹, und sie schwiegen still,
›Cielo‹ – und die Tauben flogen auf,
Dem Himmel zu, von dem sie hergekommen.
In seiner Kutte, schau, ist Platz genug,
Ein Krankes zu verbergen und zu wärmen –

wie aber wir?
                    Die Bäume blühn wie einst.
Nicht ungelehrig heißen wir. Doch wer
Schickt zollfrei uns in unser Babylon
Das Wörterbuch für Taub' und Täuberich?

›Zollfrei‹ kommt nichts ins Haus. Es gilt – jenun –
Das alte Wagnis: prüfen und vergleichen,
Ausstreichen, horchen, wieder neu beginnen.
Geduld, Geduld – und – wie? – ein wenig Glück.
A, B und C. Die Wörter. Die Grammatik.
Wir werden tun, wie einst in Oberklassen,
Wo eins des andern Schulheft korrigierte.
Zuweilen streift der Lehrer eine Schulter –

Davids Traum

Wohin, die mich trug und erhellte,
Welle des Lebens, wohin?
Erblinden die Spiegelsteine ringsum
Oder schwindet mir selbst schon der Sinn?
Ob ich die Gesellin mir wecke,
Die Magd aus schlaftrunkenem Wahn?
Schlaf, Abisag – o, daß du wachtest,
Mein Bruder Jonathan!

Lang, lange. Wie, daß sie mich riefen,
Den Jüngsten, den Knaben vom Feld?
Und ein Königsschild hieß mir das Leben,
Eine Harfe – die Welt,
Dann freilich, dann war es ein Anderer,
Der mir zu Hilfe kam,
Und der vor dem Speerwurf des Königs Saul
Gelind mich zur Seite nahm.

Ich war der Gesalbte in Israel,
Der Heilige – war ich nicht.
Meine Jahre Leben, ich schaue sie an,
Und ich sehe ein dunkles Licht.
Ach, und das Feuer, das Feuer,
Das ich fachte, das mir geschah –
Name, weißgleißendes Holzscheit:
Uria und Bathseba.

Vorbei. Vorbei auch der Feldschlacht
Jubel und Ruhm und Pein.
Gedenk ich der Höhen Gilboas,
Gedenk ich, Jonathan, dein.

Die rote Blüte der Aloe,
Fühlt sie den Morgenwind schon?
Bald, durch den Vorhang der Frühe, bald
Tritt ein mein Erbe, mein Sohn.

Vorüber. Aber die Sterne
Am immerwährenden Ort.
Aus den Sternen kommt Sternengeraune,
Aus dem Geraune das Wort,
Verheißung, Isais Lenden,
Meinem, dem Königsstamm –
Ich träume: ein Blachfeld im Dunkeln
Und ein Hirt und ein Licht und ein Lamm.

Lautespielender Engel

Stimme des Engels:

Sprich mich nicht an! Ich kann dir nichts erwidern.
Ich höre nur der Laute Lobgesang.
Ich hab ein Amt, begreif: den heilgen Liedern
Zu dienen, Klang bei Klang.

Doch fürchte nichts! Denn über allen Worten
Und allem, was geschieht und je geschah,
Klingt dieser Ton und tönt an allen Orten.
Wags und stimm ein, und du bist ganz mir nah.

Die unablösbare Kette

Als wir im Thujabaum schaukelten einst,
Weißt du noch, Bruder,
Und die Mutter rief unsere Namen hinauf
In den Baumwipfel, Bruder,
Dachte sie wohl, daß Streit uns erwarte,
Denn auch sie, die Tapf're,
Wußte zu streiten –
Süß war, mild noch und nahe der
Apfelbaumduft um Jakobi,
Bitter des Nußbaums Arom.
Tisch und Bank war bereit,
Vieles lernen die Knaben:
Sprachen und Länder und Zeit
Und den pythagoreischen Lehrsatz.
Einen Lehrsatz noch nicht:
NUSSBAUMHOLZ IST GUT FÜR GEWEHRSCHÄFTE.

Später dann, die Platanenallee –
Und wir führten die Nachen,
Ausruhend jetzt, in das grüne
Dunkel am Hölderlinturm.
Euere Stimmen waren mit uns:
Rahel, Susanne –
Eure Namen:
Rahel, Susanne –
Heiter dir, Bruder –, doch mir
Bang und flüsternd geliebt.
Schöne, vorläufige Namen. Und
Keiner hatte uns wissen lassen
DEN DEFINITIVEN SAMMELNAMEN ANNE FRANK.

Aber jetzt, wenn das Quittenbaumlaub
Noch im Novemberlicht uns
Seligkeit gaukelt und Glück,
Unschuld der Kreatur –
Wem gehört diese letzte
Die vergessene Frucht
Dort in der Krone?
Rahel, Susanne, Bruder im Thujabaum –
Jetzt freilich würgt am Halse sogleich die
Unablösbare Kette:
BAUMFRUCHT FRUCHTKERN KERNHAUS
BLAUSÄURE AUSCHWITZ.

Tübingen, 1928

Im halben Licht des Nachmittages
Flußaufwärts rudernd und allein –
Du Spiegelglanz der Silberweide,
Ihr vielvertrauten Häuserreihn,

Mein Fenster dort, Torhof und Leben,
Sturmweg der Nächte, Jahr um Jahr.
Sind zwei im Boot: der, der ich wurde,
Und jener Andre, der ich war?

Wie, wenn ich jetzt die Ruder schweige?
Lautlos schier treibt es mich zurück.
O grüner Strom versunk'ner Jahre,
Lichtschatten du und Wolkenglück,

Und du, aus Wassers Tiefe steigend,
Du groß Erinnerungsgewalt –
Nein. Heute. Hier. Ich seh' des Daseins
Unwiderrufliche Gestalt,

Die Stunde seh' ich, wie sie Träume
Wegweht und wie sie Wünsche stillt,
Seh' das Erreicht', das Unerreichte,
Und, fern von fern: das letzte Bild.

Nicht stürzt

Kantate nach einem Gebet des Augustinus

Revertamur iam, domine,
ut non evertamur
Bekenntnisse, 4. Buch

Im Schatten deiner Flügel, Herr,
Im Schatten deiner Flügel
Verbirg uns, unser Herr.

Der uns in Frühen trug,
Der uns im Mittag trägt,
Wie wirst du tragen uns
In Abend und in Nacht.

Denn du bist unsre Kraft,
Und ist sie unsre Kraft,
So ist sie: Kraft.

Von dir ist unser Leben.
Vom Leben kehren wir uns ab,
So wir abkehrn von dir.

Umkehr vergönn uns, Herr,
Daß hinfort nimmer wir
Verkehrt in Werk und Wesen.
Daß wir sei'n sonder Mangel
In dir, der Güter Gut.

Nicht fürcht ich, fürder sei
Nicht Weg in allen Wegen
Und Heimweg nicht.

Fall ich, nicht fällt dein Haus.
Nicht stürzt, darin wir wohnen,
Haus du ob aller Hausung,
Nicht deine Ewigkeit.

Motette

»Denn in ihrem Frieden wird euch Frieden sein.«
Jeremia 29, 7   Übersetzt von Martin Buber

Liegen ungebunden auf der Erde
Fremde, Feindschaft und der schwarze Streit.
Mächte suchen Macht, und Macht will Beute,
Und wer mag, wird unrecht Gut gewinnen.
Du nicht, du. Es sollen diese Siege
Dir nicht Siege sein.

Such ihn nicht, den Schlaf des Ganz-Vergessens,
Träum ihn nicht, den fahlen Traum Vorbei.
Wohl, die Tür ist offen – und es winken
Die Befreiten dir, die Frühentfernten.
Steh! Kehr um! Es sollen ihre Schatten
Dir nicht Schatten sein.

Wags, zu wachen! Sprich den Unerlösten
Deinen Gruß nur zu, nur dies: ich weiß.
Liebe findet. Und die alten Zeichen
– Himmelswolke, Herzschlag des Vertrauens,
Blaues Waldgebirg und Kinderlachen –
Dein sind sie – und sieh: in ihrem Frieden
Wird dein Frieden sein.

Betrachtungen

Über ein Gedicht von Franz Werfel

Als mich dein Dasein tränenwärts entrückte,
Und ich durch dich ins Unermeßne schwärmte,
Erlebten diesen Tag nicht Abgehärmte,
Mühselig Millionen Unterdrückte?

Als mich dein Wandeln an den Tod verzückte,
War Arbeit um uns, und die Erde lärmte,
Und Leere gab es, gottlos unerwärmte,
Es lebten und es starben Niebeglückte!

Da ich von dir geschwellt war zum Entschweben,
So viele waren, die im Dumpfen stampften,
An Pulten schrumpften und vor Kesseln dampften.

Ihr Keuchenden auf Straßen und auf Flüssen!
Gibt es ein Gleichgewicht in Welt und Leben,
Wie werd ich diese Schuld bezahlen müssen!?

Es gibt eine Frage, die – in rechtgemessener Höhe und Freiheit
gefragt – jedes Gedicht über sich ertragen muß, und wir
wollen sie sogleich über diesem Gedicht aufrichten. Die Frage
lautet: Ist das wahr, was da steht? So wollen wir fragen. Und
wie werden wir antworten? Wir werden antworten: ja, so ist
es.
Ein Dichter ist kein Prophet – wofern wir streng und genau
vom Propheten denken –, aber es ist etwas in ihm, was das
Kommende ahnt, und mitunter ist ja im Vorgefühl mehr von
der Wahrheit künftiger Wirklichkeiten enthalten als je in ein
zeitgenössisches Zeugnis einzugehen vermag. Das Gedicht ist

1911 oder 1912 geschrieben, vor unausdenklich langer Zeit also, wenn Jahre gewogen und nicht nur gezählt werden sollen. Und doch: das, was wir – in einer etwas gewagten Vereinfachung – das Lebensgefühl *unsrer* Zeit heißen möchten, das lebt, bebt in diesem Gedicht, dem Gedicht eines einundzwanzigjährigen Menschen.

Das Lebensgefühl unsrer Zeit – was sagen wir von ihm? Drei Erfahrungen stoßen zusammen. Einmal: die Erfahrung der Einsamkeit, der völligen Verlassenheit des einzelnen. Das ist nicht Eichendorffs schönes, starkes und wehes Gefühl (»Wird deines Ernsts Gewalt / Mich Einsamen erheben«), und auch nicht Mörikes Klage »Laß, o Welt, o laß mich sein« – es ist die Verlassenheit des alten Mädchens im Kleinstadtnachmittag, trivial, ohne Schmerz, ohne Lust, es ist die Verlassenheit der Spitalinsassen am Abend, wenn das Licht gelöscht ist. Mit dieser Verlassenheit aber streitet die wilde Sehnsucht nach Beisammensein. Nicht als Liebeskraft und Treuverspruch erscheint sie, sondern als Flucht. Flucht in die Bahnhofsvorhallen, in den Karneval, in die bittersüße Lust der Augenblicksbegegnung, Flucht in die eilige Täuschung: Hippodrom und Arena, Spielsaal und Bildergötzendienst. Das dritte Zeichen ist das Bewußtsein einer bis an die Wurzeln unsres Lebens gehenden Gespaltenheit. Immer ist das eine da und wahr, und das andere auch. Das andere aber ist nicht das Geschwisterliche, sondern das Völlig-Entgegengesetzte. Immer tönt Mozarts Sternmusik durch den Äther, und ein kleines Kästchen vermag sie aufzufangen, immer aber auch sind die Gesänge des Hasses unterwegs: irgendwoher, irgendwohin. Wir flanieren in unsren Frühjahrskostümen über den Marktplatz, und in Ostasien verbrennen sie in ihren Panzern, wir umarmen einander und sind – im nämlichen Augenblick – wir, die Umarmend-Umarmten, einander überdrüssig. So ist es, und wir wissen, daß es so ist. Und dieses Wissen nun ist auch in Werfels Gedicht. Aber wunderlicherweise, unbegreiflicherweise, herrlicherweise hat die Last dieses Wissens, die Bitterkeit dieser Erkenntnis unsern Dichter nicht überwältigt und nicht gelähmt. Hätte sie ihn gelähmt, so hätte er verstummen müssen. Es ist, als habe sich die gallenbittere Essenz dieser Erkenntnis verteilt, verflüchtigt schon im Raum des Schweigens, der dieses Gedicht umgibt, wie ja jedes wirkliche Gedicht von einem Raum des Schweigens umgeben ist, einem Bereich unhörbarer Musik. In dem Augenblick aber, da das Wort beginnt, beginnt auch schon die Weisheit, die als ein Feuer aus dem dunklen Gestein des Wissens geschlagen wurde, beginnt die Süßigkeit, die herbe Süßigkeit, die einer aus bitteren Erkenntnissen zu keltern vermochte.

Das Gedicht ist ein Gedicht der Erinnerung, einer Hundertfalt der Erinnerungen. Der Liebende gedenkt.

Als mich dein Dasein tränenwärts entrückte – Was war denn? Vielleicht war das Ärmlichste nur: eine Mietsstube irgendwo, ein regnerischer Nachmittag, vielleicht eine Landschaft auch, irgendeine, nicht wichtig welche, wichtig nur: ein Mensch war da, ein Gegenüber, ein geliebter Mensch. Nicht irgendeiner, sondern ein Du. Denn nur das Vertrauen kennt das Wort, und nur das Wort löst die Tränen. Weinen können, das heißt: eine Geschichte haben, ein eigenes Los haben, heißt: eine Person sein. Nicht mehr im Malstrom der Tausendmaltausend dahinziehen, nicht mehr Mikrobe, nicht mehr Termite sein, sondern Mensch.

Und ich durch dich ins Unermeßne schwärmte: da sind die Länder, die unermeßlichen, die erreicht, die erobert werden in einer einzigen Stunde. Da die Erfahrungen vom anderen Leben: geliebter Leib, Atem und Haut, Haar, Ohrmuschel und Augengrund, Stirn, Brust und Schoß, da die Tiefe der tiefsten Versenkung, und auftauchend aus ihr die Bereitschaft zu neuer Reise: dein Leben will ich wissen, alle deine Jahre, die Gedanken hinter deiner Stirn und das Lächeln in deinem Blick.

Als mich dein Wandeln an den Tod verzückte –. An den Tod? Ja; wenn es gelten soll, daß der Absprung vom höchsten Gipfel aus geschehen muß, dann müßte jetzt – so sagen die Liebenden –, jetzt der Tod kommen: denn welche Steigerung könnte es noch geben über dieses Glück und diese Stunde hinaus?

Aber schon hat sich, schwarz und breit, ein anderes herzugedrängt. Ich freilich, ich schreibe *dies felix* in mein Buch, glücklicher Tag. Aber *Erlebten diesen Tag nicht Abgehärmte / Mühselig Millionen Unterdrückte?* Wohl sagen die Liebenden zueinander: wir sind auf der Insel, und die Zeit steht still. Aber sie irren. Die Zeit steht nicht still, und auch auf der Insel sind sie nicht. Im Ausgedinge keift die alte Frau, gestern und heute, und die Langverlaßne preßt ihre ungeliebten Lippen zusammen, hart wie immer. Tüten werden geklebt im Zuchthaus der Welt, und heißer Lederdampf verschlägt den Arbeiterinnen den Atem.

Mitteninne aber, noch einmal und noch einmal: *Da ich von dir geschwellt war zum Entschweben* — Entschweben: abtun dürfen den Reif um das Herz, von dem das Märchen spricht, spüren, wie er springt; wie er zurückbleibt endlich, der Geist der Schwere. Nur: die dunklen Begleiter sind unerbittlich und treu: *So viele waren, die im Dumpfen stampften, / An Pulten schrumpften und vor Kesseln dampften.* Sieht man sie? Mehr: sie sind da, bang und leibhaftig, und die Pf-Laute sind wie das unmutige Gekeuche im Dunkelrußigen, sie sind Lokomotivenschnauben und schwerer, müder Schritt, Ächzen am Fließband und mattes Seufzen im düsteren Kontor.

Ihr Keuchenden auf Straßen und auf Flüssen —: da scheint es nun zuletzt sich doch noch zu öffnen, das dunkle Dickicht des Lebens. Weiten und Wanderungen, so scheint es, tun sich auf, aber in Wahrheit ändert und öffnet sich nichts: auch die lustige Donauschiffahrt lebt vom Opfer, dunkel ist des Heizers Revier; und den wir da so leichthin am Ufer grüßen, auch er trägt schwere Last.

Und nun stürzt unversehens, mit Felsblocksgewalt, die Frage herein, und sie wirft sich in die Waagschale, nicht in die, die schwer ist vom Liebesglück: *Gibt es ein Gleichgewicht in Welt und Leben, / Wie werd ich diese Schuld bezahlen müssen!?* Gibt es? fragt er erschrocken. Das wirst du nicht erfahren.

Wie werd ich diese Schuld bezahlen? Du wirst sie nicht bezahlen können; Unzähliges, Unzahlbares wirst du schuldig bleiben bis an den letzten Tag. Aber dies eine gilt: weil du fragst, weil du Glück als Schuld verstehst, als unendliche, nicht abzutragende Schuld, darum, und darum allein bist du dein Glück wert. Die Todsünde heißt immer: Trägheit des Herzens. Wer aus ihr aufgestanden ist, der ist zum Leben erweckt.

War es dies, dies erregende Ineinander von Trunkenheit und Nüchternheit, von tiefem Traum und tieferem Erwachtsein, was einen so wählerischen Geist wie den Dichter Rilke damals beim Erscheinen dieser Gedichte betroffen machte, ja hinriß? »In den Weißen Blättern«, so schrieb er an seinen Verleger, »stehen wieder ein paar herrliche Gedichte Werfels. Ich bin wieder ganz, wo ich im Sommer war, und gehe für ihn durch alle Feuer.«

Wir, die Menschen von 1952, sind weit entfernt von diesen frühen Erfahrungen mit Werfels Gedichten. Aber gerade aus dieser weiten Entfernung können wir die Gewalt des Ereignisses nachempfinden: wie da mitten in die guten Stuben jener sagenhaften Vorkriegszeit, streng und groß das Antlitz der Niebeglückten blickt. Und das andere auch: wie es die Kraft eines echten Dichters sein mußte, die der Versuchung widerstand, ein soziales Manifest zu schreiben. Die Manifeste verwehen, Werfels Gedicht ist nicht verweht.

Freilich ließe sich sehr wohl ein Gespräch über dieses Gedicht denken, in dem ein Partner kundtäte, daß es eigentlich doch die oratorische Qualität sei, kraft welcher Werfels Strophen diese große Wirkung tun; oratorische Qualität aber sei noch lange nicht die Kraft der Verwandlung, in der dem Dichter eine wahre Chiffre glückt. Jugendliches Pathos und erhitzte Phantasie – dergleichen sei dem Manifest günstig, nicht aber dem Gedicht; und überdies: warum sollten Manifeste nicht auch in Gestalt eines Sonetts einhergehen?

Darauf könnte man entgegnen, daß es einen Grad des persönlichen Betroffenseins gebe, der es bewirke, daß – jenseits der

Sphäre des rednerischen Selbstgenusses – Dichtung entstehe, Dichtung als Zeugnis, als die Drommete der Wahrheit. Einigkeit aber – diese Erfahrung wird sich an jedem Haltepunkt eines solchen Gesprächs einstellen –, Einigkeit über den Rang eines Gedichts wird nicht erreicht, und das Echo jedweden Lesers bleibt anfechtbar, ja ungeschützt bis zuletzt.

So daß auch diese Deutung nur persönlich geschlossen werden kann: als Ende August 1945 die Nachricht vom Tode Franz Werfels zu uns kam und die Begleitumstände dieses Todes bekannt wurden – daß es die Ausgabe seiner Gedichte gewesen war, die ihn in der allerletzten Stunde beschäftigt hatte –, da war es sogleich dies Gedicht, das mir vor die Seele trat, und ich weiß mehr als einen Menschen, dem es ebenso ergangen ist.

Was für ein helldunkles Gebilde ist dieses Sonett, und wie legt es sich über die Seele, einem engmaschigen Netz zu vergleichen! Wie ernst und wie innig fragen wir durch diese Strophen hindurch nach geliebter Nähe, und näher auch gehen uns die Keuchenden an. Ich weiß kein Schlüsselwort für dieses Gedicht. Ich weiß nur, daß ich es nie vergessen werde.

Gregorius auf dem Stein

Thomas Mann, ›Der Erwählte‹

»Wenn das nur gut geht«, sagte der klügste unter den Freunden, als wir erfuhren, es werde nun also in Wahrheit die scheuelgreueliche Geschichte von Gregorius auf dem Stein erzählt werden, die Geschichte, die einst Hartmann von der Aue schon erzählt hat, die dann im ›Doktor Faustus‹ den parodistischen Sinn Adrian Leverkühns beängstigend fasziniert hatte: die Legende von dem Kind sündhafter Geschwisterliebe, das unwissentlich seine Mutter heiratet, hernach in selbsterwählter Buße siebzehn Jahre auf einem öden Felsen zubringt, endlich aber dort abgeholt wird und, umtönt vom Glockenschwall, in Rom Einzug hält als pontifex papa ... Wenn das nur gut geht: es war das Wort eines Kundigen und eines Liebenden zumal, und nur als die Aussage eines Liebend-Kundigen konnte es einem im Ohr bleiben. Erkenntnis, auch kritische Erkenntnis, wird, man sage, was man will, im Grunde doch nur der Liebe zuteil, wobei Liebe etwas anderes ist als langweilige Bewunderung. Gerade die Liebe mag sich sorgen und fragen: ob denn ein Gegenstand wie dieser sich nicht durchaus der Darstellung mit Thomas Manns Mitteln, den Mitteln des ironischen Humors, entziehe, ob er nicht nur eben – nach der Weise Hartmanns von der Aue – einfältig, ohne die Schatten und die Lichter psychologischer Durchtriebenheit weitergereicht werden kann oder – die andere Möglichkeit – als Tragödie gestaltet werden muß nach Art der antiken Tragödie?
Nun, es ist gut gegangen, es ist sogar über die Maßen gut gegangen. *Ein* Vertrauen mußte auf Thomas Manns weitem Schriftstellerweg mit Notwendigkeit fast erwachsen: das Vertrauen darauf, daß die Arbeit, wenn sie erscheinen würde, keinen Riß, keinen Kunstfehler, kein Ungenüge in sich trüge. Ein Autor, der – nach seinen eigenen Worten – geneigt ist, ein

Werk lieber »weltunbrauchbar zu machen, als mit ihm nicht an jedem Punkt zum Äußersten zu gehen«, gibt nichts aus der Hand, was nicht den Rang hält, den vor nunmehr gerade fünfzig Jahren der Autor der ›Buddenbrooks‹ sich selbst bestimmt hat.

Dabei mag eine kleine Beobachtung Platz finden. Es sind in eigenartiger Gesetzmäßigkeit gerade die kleineren, die weniger umfangreichen Werke Thomas Manns, jene, die den Riesenarbeiten folgen oder zur Seite gehen, denen im besonderen Maß der Glanz der Vollkommenheit eignet. Das gilt für die ›Königliche Hoheit‹, für die Novelle ›Unordnung und frühes Leid‹, für die ›Lotte in Weimar‹ und gilt nun ganz ausdrücklich für den ›Erwählten‹. Es ist ein Buch ohne Müh- und Redseligkeiten, ohne Längen – was man doch wohl nicht uneingeschränkt vom ›Doktor Faustus‹ sagen kann, auch Thomas Mann selbst würde es dort nicht sagen –, ein ganz und gar geglücktes Buch ist es, und wenn jemand urteilen wollte, es sei dieses neue Werk eigentlich Thomas Manns schönstes Buch, so würde ich ihm kaum widersprechen.

Zunächst freilich ist die schlimme Geschichte alles andere als schön; und wenn es dann doch mit ihr ein gutes Ende nimmt und wir mit dem Schreiber des Ganzen, mit Clemens, dem Mönch aus Irland, der in Sankt Gallen sitzt, zuletzt hoffen mögen, daß wir sie alle im Paradies wiedersehen, die schlimmen Kinder, Sibylle und Wiligis also, die Unselig-Liebenden, und ihre Nothelfer alle, die Dame Eisengrein und den Abt Gregorius, Herrn Poitewin und Herrn Feirefitz – dann deshalb, weil diese extreme Geschichte auch das Extrem des Gottesruhms verkündigt, die Freiheit nämlich der göttlichen Gnadenwahl.

Sie tut das, und beweist so rein durch ihr Dasein, daß die Sorge des Freundes, der Gegenstand verschließe sich der heiteren Darstellung von vornherein, unbegründete Sorge war. Es kann vielmehr durchaus statthaft sein, mit dem Lächeln des versöhnten Gewissens vom Argen zu erzählen. Die fanatischen Formen des Daseins, die auf Unbedingtheit,

auf Unerbittlichkeit bedachten, sind die humorlosen Formen;
in der Sphäre des Glaubens hingegen gedeiht der Humor, und
das Lächeln der Geduld, das an die Geduld Gottes erinnert und
sich ihrer getröstet, ist eine epische Qualität. In diesem
Lächeln entfaltet sich auch hier der Goldgrund des Ewigen,
vor dem die Figuren im Zeitlich-Argen das Ihre tun. Es wird
geliebt und gestritten, aufgezogen und erkannt, gereist und
duelliert, geehelicht und getrauert, gebüßt und geweint, ge-
wallfahrtet endlich und gesegnet zuletzt: »Die Welt ist endlich und ewig nur Gottes Ruhm.«

Das Thema von Gottes Wahl ist großartig-einfältig; aber nun
wird es hier im Roman durchwirkt vom humanistisch-psy-
chologisch-psychoanalytischen Fadenwerk, wie es Thomas
Mann seit Jahr und Tag in immer neuen Mustern vorlegt. Das
Außerordentliche entsteht in der Zone der Gefahr; Erhöhung
heißt Vergiftung, und Vergiftung bereitet der Erhöhung den
Boden. Hans Castorps Fieberkurve ermächtigt ihn zu seinen
einsichtsvollen Regierungskünsten; die venerische Erkran-
kung treibt Adrian Leverkühn hoch hinauf, auch bei Mose (in
der Erzählung ›Das Gesetz‹) muß »in den Unregelmäßigkeiten
gestochert« werden, um den besonderen Weg und Auftrag des
Gottesmannes zu verstehen. Und so kann es sich auch diesmal
nicht um ein »Baby in geordneten Verhältnissen« handeln, es
muß schon eine »edle, aber entsetzliche Bewandtnis« mit dem
Kinde haben; hinab und hinauf muß es mit ihm gehen, und
wieder hinab und wieder hinauf: durch extreme Sünde und
extreme Buße zur Heiligkeit.

Aufgeräumt: das ist das Wort, das sich anbietet, wenn man
charakterisieren will, in welcher Weise diese höchst unordent-
liche Geschichte erzählt wird. Keine Rede von Brüchigkeit,
Sprödigkeit, Altersumständlichkeit. Das Opus des Fünfund-
siebzigjährigen – man muß es staunend bekennen und mag
dabei allenfalls nach ›Effi Briest‹ hinüberblinzeln, dem Mei-
sterwerk eines anderen Fünfundsiebzigers – ist voll Geist und
Laune; die Straffheit läßt keinen Augenblick nach, und die
Delikatesse, mit der das Gewagteste ausgesprochen oder eben

auch nicht ausgesprochen wird, ist vollkommen. Wollte man einzelnes hervorheben, so müßte man von den salzwassergetränkten Abschnitten des Buchs sprechen: daß wie einst im ›Tonio Kröger‹ und später in einer hymnischen Stelle des ›Zauberberg‹, dann wieder bei der ›Meerfahrt mit Don Quijote‹ zutage tritt, wie sehr der Hanseatensohn mit seiner Liebe beim Meer ist; all diese Stücke sind voll sinnlicher Dichtigkeit, und daß die Fischer von Sankt Dunstan das heimische Platt sprechen, ist eine Art Gruß zurück . . . Daß uns überdies in dem Buch Gestalten begegnen, die wir in Abwandlungen da und dort früher schon kennen gelernt haben, wird niemanden befremden: das Glück des Wiedererkennens ist ein eigenes Glück.

Einem Mönch aus dem Mittelalter ist der ganze Bericht zugeschrieben; so wird er uns nicht im Deutsch unsrer Tage mitgeteilt. Wir haben uns vielmehr in ein besonderes Idiom einzulesen. In was für eins? Das ist so leicht nicht zu beschreiben. Sagen wir: in ein archaisches; aber auch das ist nur zur Hälfte richtig. Würde man mich nun, theoretisch gleichsam, über meine Meinung zu stilisiertem Stil ausholen, so würde ich versichern, er sei mir, sofern er ein ganzes Buch bestimme, ein Greuel; es fehle mir jedes Talent, an Kolbenheyers Paracelsusdeutsch eine Freude zu haben; es erinnere mich dergleichen mit seinen fatalen Mixturen an das Harmoniumspiel, das nur ein Notbehelf ist ohne eigenen Kunstwert . . . Was Thomas Mann angeht, so strapaziert er freilich kein Harmonium: eine viermanualige Orgel ist da, und sie wird gemeistert. Im höchsten Maß amüsant geworden ist das Ganze durch die irisierend-ironisierenden Lichter, die den Text durchfunkeln. Eben noch befindet man sich im höfischartigen Erzählerton, schon geht es über in Knittelverse, die als Scheinprosa gedruckt sind, und eine Seite danach ist von »kritischer Analyse« die Rede oder von »wissenschaftlicher Vorbildung«; das wirbelt dich hastdunichtgesehn durch die Jahrhunderte hin und du rufst: Erbarmen! – aber ergötzt bist du doch . . . Jedermanns Sache freilich wird es nicht sein. Wie es eine strenge Cembalo-Orthodoxie gibt, für die schon unser Konzertflügel mit seinen Ober- und Untertönen verdächtig ist, so wird es Leser geben, denen es nicht behagen will, daß hier die »Sprachen ineinander rinnen«, denen ein Ausdruck wie »prätendierte Wätlichkeit« nicht eingeht und die sich einem gelinden Choc ausgesetzt sehen, wenn sie wahrnehmen, daß die Ritter von der Normandie, die Kinder und Damen von Anno dazumal samt und sonders thomasmannisch gelernt haben, und diese Sprache in allen Lebenslagen gleich gut beherrschen. Ich finde aber, die Betroffenen sollten sich von ihrem Choc erholen; sie sollten sich durch eine Anzahl gar zu skurriler Scherze nicht die Freude an dieser Dichtung nehmen lassen.

Dieser Dichtung? Es wird ja nun wieder bestritten werden, daß es sich hier um Dichtung handelt, wie es je und je bei Thomas Mann bestritten worden ist. Aber wie nennt man die Wagenszene in der ›Lotte in Weimar‹? Wie die Schilderung von Rahels Tod? Hier, im ›Erwählten‹, findet sich eine Stelle da Gregorius, der Sohn-Gemahl, von der Mutter-Frau Abschied nimmt ohne Liebeszeichen. »»Nein, keinen Kuß zum Abschied. Auch nicht auf die Stirn – und auch auf die Hand nicht. Mit der Hand begann es. Gott mit Euch!‹ Und er ging. Sie streckte die Arme nach ihm in Schmerzen. ›Wiligis!‹ rief sie aus tiefster Brust und besann sich.« Dieses »Wiligis!«, dieser Anruf des Bruders, des Erstgeliebten, diese jähe, bittere, süße Verwechslung, diese verstörte Auslieferung des Sinnes an das verhangene Verhängnis, an die Qual des Wieder- und Nocheinmal, die Weise, in der hier durch ein einziges Wort das halb-und-halb Kindlich-Schuldige des ersten Inzests mit dem Tragischen des zweiten Inzestes verknüpft wird – wie? Derlei sollte nicht Dichtung sein? Es ist von dem Ritter Grigorß gesagt, daß er im Kampf sich »über das allgemeine Maß zusammenzunehmen vermag und seine Lebensgeister dabei in einem brennenden Punkt zu versammeln weiß«; mich dünkt, das sei auch vom Dichter des ›Erwählten‹ zu sagen.

Nicht verschwiegen werde, daß in dem Verfahren, Urstoffe, Urtexte aufzunehmen und sie mit Problemen des modernen Lebensgefühls zu kontrastieren, zu kontrapunktieren, eine Gefahr schlummert, und gar nicht nur »schlummert«. Die Gefahr, daß damit das Verbindliche verfügbar, auswechselbar und also unverbindlich wird. Darüber ist bei Anouilh, bei Giraudoux, bei Sartre, bei Fry nachzudenken, und auch ›Der Erwählte‹ bietet Anlaß dazu. Nicht verschwiegen sei ferner, daß über ein theologisches Phänomen, wie es die Gnadenwahl ist, insoweit als die biblischen Bereiche erreicht werden, im Letzten nur christologisch gehandelt werden kann. Aber es ist lebensunfreundlich und kunstfeindlich, von einem Buch wegzusehen auf das Problem hinter dem Buch. Die Wahrnehmung bleibe bei dem, was vorhanden ist.

Vorhanden ist die schlimme Geschichte, die schöne Geschichte, für die es nun – kann man so sagen? – der schönen Leser bedarf: der Leser nämlich, die bei aller Teilhabe an den Abenteuern im Geiste doch auch den Sinn für die einfache Fabulierlust sich bewahrt haben, wie sie diesem Buch und seinem Autor zugehört. Über den halben Erdkreis hin ist er gereist, erzählenderweise; Lübeck und Weimar, Venedig und Ägypten waren zu besuchen, und Indien. Nun kehrt er ins halbwegs Vertraute zurück, zu Wassern und zu Küsten, die nicht allzufern von der ersten Heimat liegen. So viel hat er gedacht und geklügelt, gestritten und erzogen; nun geschieht es ihm, daß er, tief Atem holend, ins Element eintaucht, ins Erste und Ursprüngliche, ins Lauschig-Lustige: »Vor Zeiten war –«.

Wunscherfüllung

Vielleicht gibt es sich einmal, dachte ich immer schon. Man ist im selben Verlag, das ist beinahe wie ›Wohnung im gleichen Haus‹, und wenn es auch ein sehr großes Haus ist, es könnte doch sein, daß man sich eines Tages begegnet. Dann werde ich ihm sagen, daß ich seiner Dirigentenzauberei – ganz aus der Ferne, nur durch den Äther und durch die Schallplatten noch, große Glücksaugenblicke verdanke, viele, mozartische vor allem; den ersten Satz der Prager Sinfonie etwa, eine Stelle, ein banges, gefährliches Hasch-Hasch darin, kein Kinderhaschhasch, sondern eines, das mit dem Abschied zu tun hat, mit dem »einmal und noch einmal und dann nie wieder –«

Und dann gab es sich wirklich, an einem Sommertag im Jahre 1955, in Zürich. Im Schauspielhaus waren wir alle zusammengekommen, um Thomas Manns achtzigsten Geburtstag zu feiern, und eh es oben auf der Bühne anfing, war er im halbverdeckten Orchesterraum erschienen: das kleine Kammerorchester wartete – und plötzlich stand er vor ihnen. »Das ist Kuzi«, sagte eine Stimme hinter mir, und ich wußte, das war Bruno Walters Spielname im Hause Thomas Mann. Er war im dunklen Anzug erschienen, nicht im Frack, und man hatte das Gefühl, er habe sich, ein anderer Ariel, nur gerade aus den Lüften zur Erde herabgelassen, um hier eine Intrade zu dirigieren... und wirklich: als Überraschung für den Jubilar war er von Kalifornien zum Fest erschienen, eine halbe Stunde vor Beginn der Feier war das Flugzeug draußen in Kloten gelandet – nun stand er hier, im Reisekleid noch...

Die schöne Geschichte fiel mir ein – von Mozarts Besuch in Berlin. Wie der abends in der ›Deutschen Oper‹ erschien, sie gaben die ›Entführung‹ und spielten in Pedrillos Arie hartnäckig dis statt d... und der im Reiserock pirschte sich ans

Orchester heran, und schließlich rief er: »Verflucht... wollt ihr d greifen!«

Nun, die hier in Zürich spielten nicht dis statt d, sie kannten ihre Musik, Mozarts ›Kleine Nachtmusik‹ in- und auswendig, wie sie der Vogel Rock aus Amerika in- und auswendig kannte. Es gab weder Partitur noch Taktstock, auch fast keine Bewegung der Arme... gerade, daß die zehn Finger zuweilen einmal zuckten. Und es war, als hätte man die ›Kleine Nachtmusik‹, das dreißig-, fünfzigmal gehörte Werk, noch nie gehört, bis zu dieser Stunde.

Und dann hatte die schöne Leserei auf der Bühne oben ihren Anfang genommen, Fritz Strich fungierte als kluger Zeremonienmeister und gab jedem Sprecher seinen Part, und Maria Becker war die Königin, und Hermann Wlach war der König, und die Therese Giehse war, wie immer, das As im Kartenspiel – und zuletzt kam der Zauberer in die Mitte und las, was Felix Krull von der Liebe weiß: »Das ist ein Paragraph meiner Rede, Zouzou, ich mache einen Abschnitt...«

Später saß man im Zunfthaus zum Rüden, und da geschah es, so gegen elf Uhr am Abend, daß man die Plätze tauschte, und ein Freund brachte mich zu Bruno Walter... Und nach wenigen Augenblicken war es so, wie es immer ist, wenn sich zwei im Zeichen Mozarts begegnen: sie rufen sich die Nummern des Köchelverzeichnisses zu wie Geheimchiffren, wie die Suren des Korans... und vergessen darüber Welt und Umwelt. Und dann kam ich auf den Abendanfang zurück, auf die ›Kleine Nachtmusik‹ also, und sagte etwas über die Schwierigkeit, ein so fast närrisch bekanntes Werk neu zu hören, und dann sagte ich: »Aber ich habe es gehört als wie zum ersten Mal.«

»Nun, das ist sehr schön... Dann will ich Ihnen sagen: ich habe es dirigiert als wie zum ersten Mal, und das heißt ja nichts anderes als das, was Sie sagten: auch ich habe es gehört als wie zum ersten Mal. Daß man es auswendig kann, das hat nichts auf sich, das versteht sich von selbst... aber gegen die Gewöhnung gibt es keine andere Arznei als das Erstaunen.

Die c-Moll-Figuren in der Romanze, in denen so viel ›Don Giovanni‹ steckt, der Septimensprung auf die Fermate vor der Coda im letzten Satz – gut, man weiß, wie es klingen muß, aber wenn es dann da ist, dann hat man nichts gewußt – und es ist über alle Begriffe. Oder denken Sie das Trio... das einfältigste und zärtlichste Ding von der Welt.«

»Beim Trioeinsatz haben Sie den Konzertmeister mit zwei Fingern Ihrer linken Hand gedämpft.«

»Das haben Sie gesehen?«

»Ja, und das war, glaube ich, die einzige Korrektur, die Sie zu machen hatten.«

»Ja, das sind ja auch ganz ausgezeichnete Spieler... und schön schlank ließ es sich so machen. Man darf es nicht stärker besetzen, es ist ja keine verkappte Sinfonie. ›Eine kleine Nachtmusik‹ – es wird nicht anders gewesen sein als so: eine Handvoll Musiker kommen in ein Herrenhaus in Wien, im Herbst 1787, kurz vor der berühmten Reise nach Prag, stellen ihre Pulte auf, und exekutieren die fünf Sätze – Sie wissen, vor der Romanze stand ursprünglich noch ein Menuett – und nach einer guten Viertelstunde ist alles vorbei, so wie es heute da drüben vorbei war. Aber dann ist doch etwas da, das trägt kein Wind mehr fort. Ich habe gefunden, es lohne sich, auf der Welt zu sein, um so ein paar Dinge hörbar zu machen.«

Ich sah Bruno Walter an. »Jeder Zoll an ihm ist Musik« – das hatte, so fiel mir ein, der erste Probemeister dem achtjährigen Bruno ins Zeugnis geschrieben. Nun, wenige Wochen noch, und dann würde mein Gegenüber sein achtzigstes Lebensjahr beginnen. Aber was will diese Achtzig besagen bei einem, der sich so auf das Anfangen versteht?

Contessa Perdono

Variationen über ein unerschöpfliches Thema

Im Gedenken an
Jacob Presser-Amsterdam

Du hörst einen kühnen Vergleich, und zuerst schaust du auf,
lächelst, prüfst ihn auf der Zunge, dann werden sich, je nach
deinem Temperament, Frage- und Zweifellust einstellen und
das Gebilde ein wenig zerzausen; aber es gibt Ausnahmen;
und der kühne Vergleich, über den ich nun ein paar Variationen zu spielen wünsche als über ein vorgegebenes, ein uner-
schöpfliches Thema – er entzückte mich, als ich ihn im Brief
des Amsterdamer Professors las, sogleich, und je länger ich
über ihn nachdachte, um so mehr gewann er an Wahrheits-
glanz und Schattenlicht.

Ich hatte nun freilich einigen Grund, dem Briefschreiber zu
vertrauen, wie umgekehrt der nicht wenig Grund hatte, seinem Gegenstand nicht ohne Anfechtungen zu begegnen.
Wenn die angenehme Stimme einer Ansagerin aus den Funk-
häusern von Köln oder Hamburg durch den Äther auch über
den Rhein hinüber mitteilte: »Sie hören nun das Diverti-
mento in D-Dur von Wolfgang Amadeus Mozart« oder: »Sie
hören das ›Fünfte Brandenburgische Konzert‹ von Johann
Sebastian Bach«, dann erklang für ihn, den Mann in Amsterdam, diese unschuldige Ansage in der Sprache, in der –
fünfundzwanzig Jahre zuvor – auf dem Bitternisweg in die
Schauburg von Amsterdam und ins Lager Westerbork ganz
andere Worte – für ihn mit – gesprochen, nein geschrieen
worden waren. Aber dann schwieg diese Stimme aus Deutschland, und Mozart begann, Bach begann, und das Früh- und
Immer-Geliebte galt von neuem, und so vermochte er's denn,
seinen Briefsatz in dieser unsrer Sprache zu schreiben, wiewohl sie einmal die Sprache des Grauens gewesen war.

Er schrieb: »Wir haben seit langem einen Mozartverein hier in Holland, nicht mehr als einhundert Mitglieder, aber alle ohne Ausnahme verrückt ›in‹ Mozart ... ich mußte vor vielen Jahren einen kurzen Artikel schreiben über ein Mozartfest, und ich erlaube mir, seinen ersten Satz zu übersetzen: *Bach ist der Himmel, Mozart das Paradies*.«

Da hatte ich meinen Satz, mein Thema, und indem ich mit ihm meiner Wege ging, suchte ich eine Spielerrunde, Bachfreunde, Mozartnarren; und da ich sie nicht fand zur Stunde, so erfand ich sie mir. Ich dachte mir dabei die hübschesten Spielregeln aus, sah zwei kleine Zimmer vor mir, gab meine Bedingungen bekannt und meine Siegerpreise dazu. Eine Viertelstunde sollte Zeit sein, und dann müßte man sie aufsagen können wie ein Schulgedicht, zehn Augenblicke von »Bachs Himmel« und zehn Augenblicke von »Mozarts Paradies«. Notenbilder werden nicht verlangt und auch keine biographisch-bibliographisch richtige Reihenfolge ... das war die Erleichterung; die Erschwerung aber hieß: kein Instrument ist im Zimmer, keine Notenmappe, kein Nachschlagwerk, weder Spitta noch Schweitzer, weder Einstein noch das Köchelverzeichnis. Und schließlich hieß es: wer klug ist und nach seinen Pluspunkten trachtet, der wählt so präzis, wie er irgend kann.

Eine Viertelstunde also; und als ich ins Bachzimmer kam, summte einer sogleich das Thema aus der ›Kunst der Fuge‹, danach kam die Passacaglia in c-Moll und das »Ach, mein Sinn« aus der ›Johannespassion‹. »Herr, dein Mitleid, dein Erbarmen« – riefen zwei zu gleicher Zeit, wie es ja auch zwei miteinander im ›Weihnachtsoratorium‹ zu singen haben. Einer schien wahrhaftig alle Himmelsmächte zu kommandieren: »Cum sancto spiritu in gloria Dei patris« hieß das, und war aus der Hohen Messe. »Gleich wie das Gras vom Rechen« – das war der schwere Motettenton. Aber unmittelbar danach nannte einer die Schlußfigur aus dem letzten Satz des ›Vierten Brandenburgischen Konzerts‹, nicht schwer, sondern schwebend – und wie da durch die drei Generalpausen hindurch das Schweigen hörbar wird, die lautere Ewigkeit schon. Einer wünschte die b-Moll-Fuge aus dem Ersten Teil des ›Wohltemperierten Klaviers‹, und einer den ›Ostersturm‹: »–wie ein Tod den andern fraß, den andern fraß...« Sie sagten noch vieles, aber es war ja nun fast genug, genug Himmel schon, und nur im Hinausgehen hörte ich noch, und hörte es gut: »– da wischt mir die Tränen mein Heiland selbst ab«, und was da in der Kreuzstabkantate die eine Stimme singt, das kehrt chor- und orchesterweise wieder an vielen Stellen in diesem Werk.

Im Mozartzimmer aber fielen sie sogleich über mich her: für was ich sie eigentlich hielte? Zehn Augenblicke Mozartsches Paradies? Hundert hätte ich verlangen sollen. Sie waren übermütig und redeten alle durcheinander; schließlich nahmen wir Papier und Bleistift zu Hilfe, und so gab es denn zuletzt fast schon etwas wie Ordnung im Paradies. Der Einsatz in der frühen A-Dur-Symphonie, damit muß es anfangen; der ist wie Geburt des Unverwechselbaren. Und aus der Sinfonia concertante dann das Doppelspiel von Violine und Viola, die Kadenz im zweiten Satz; niemand ist auf der Welt, niemand außer diesen zwei Liebenden dort. Aber dann gleich Cherubinos Lied und die zweite Zerlinenarie, in der es nicht so »fein fromm« zugeht, wie das der brave deutsche Text vortäuscht. Jetzt kommen die Variationen aus dem d-Moll-Quartett und danach das Incarnatus aus der c-Moll-Messe, und dann ein langes Schweigen; es ist die Pause der Ehrerbietung, das Schweigen der völligen Liebe. Dann aber hieß es: das C-Dur-Quintett muß dabei sein, ich meine die große Violinfigur im langsamen Satz, und aus der letzten Violinsonate, der in A-Dur, der Augenblick in der Mitte, das Unisono dort von Violine und Klavier. Aus dem letzten Klavierkonzert dann das so wunderlich vergnügte »Komm, lieber Mai«; ein letztes Mal erscheint es dort, nur eben noch angedeutet – wie von einem, der sich noch einmal umwendet, fast schon wie nach dem Abschiednehmen. Und kein Wort haben wir vom

Klarinettenquintett gesagt, und kein einziges Wort von ›Così fan tutte‹ und von der ›Zauberflöte‹: du siehst es ein – zehn ist nichts –. Aber nun, da du ja unser Schiedsrichter bist und ein Herr von Distinction zu sein wünschest – da denken wir doch nicht falsch? – nun sag, warum dich's so entzückt hat, dies: »Bach ist der Himmel, Mozart das Paradies?« Warum hier Himmel? Warum dort Paradies? Was ist Himmel? Was ist Paradies?

Und ich will antworten: ihr habt geantwortet. Himmel ist das große, schweigende Gewölb, die Feste vom Zweiten Schöpfungstag; und streng und klar wie das Nachtgestirn an diesem Gewölb sind die Themen aus der ›Kunst der Fuge‹, von denen ihr spracht, das erste gewiß, und das letzte dann auch, das eigene, die Unterschrift: b-a-c-h. Aber Himmel ist auch der Saal der Engel, regis curia, der Ort des Lobgesangs, da die vox coelestis, und wär's als fernferne Trompetenstimme, zusagt, daß sie *da* sei, wo immer auf Erden die Menschenstimme zu bitten wagt: »Bleibt, ihr Engel, bleibt bei mir.« Und Himmel ist auch dies: die Wohnung der Erlösten, der Platz der abgelegten Lein- und Leichentücher, das wirkliche »– da leg ich den Kummer auf einmal ins Grab«; er ist das Nichtmehrhier, die Freistatt der Seelen – vielleicht: die Freistatt der Seelen – oder, dies noch überragend: das Sein im andern Sein, Jenseits denn, »jedwedem Wunsch entnommen: Seligkeit.«

Sag ich aber »Paradies«, so sehe ich sogleich den Garten aus Luthers Brief an sein Hänsichen, sehe das Bild des Meisters vom Oberrhein, Blau und Rot, Mauer und Tisch und Brot und Wein, sehe Lesende und Musizierende, höre das Gespräch der Seelen und die Stimmen der Vögel in den Bäumen, und sogleich kommt mir auch die Strophe eines Dichters in den Sinn, des Dichters Loerke, der sich so vorzüglich auf das Reich Johann Sebastian Bachs verstand und auch mit aller Liebe Mozart zu spielen wußte; er hat diese Strophe den Tieren der Renée Sintenis in den Mund gelegt, und sie sprechen den Menschen an: »Ach, fragt nicht nach dem Paradiese, / Ob es denn weit entlegen sei. / Es ist der Tag, der Wind, die Wiese, / Und wenn ihr wollt, ihr seid dabei.« »Ob es denn weit entlegen sei?« Nein, es ist nicht weit entlegen; es ist ein Hierunddort, ein Dortimhier. Ihr könnt euch Osmins Feigenbaum dazudenken, die wilden Tiere alle, die Frieden halten, weil es die Zauberflöte über sie gewinnt. Und die ernsten Fandangotänzer und die Liebenden alle.

»Bach ist der Himmel«: ich sage dazu jetzt kein Wort weiter, denn das Wort weiter müßte ja wohl lauten: Bach ist die Erde, auch die Erde, diese Erde. Aber »Mozart, das Paradies«: davon will ich eines noch sagen. Ich will zu euren zehn Augenblikken einen elften hinzutun. Ich will von der halben Stunde Opernhaus-Paradies sprechen, die es auf dieser Erde gibt, wo immer man Mozart spielt; ich will sprechen von dem Wunder, bei dem ich mich nicht nach den Gärten der Semiramis sehne: ich meine den Vierten Akt aus ›Figaros Hochzeit‹. Superlative sind kindisch, ich weiß. Aber ich weiß nicht, wie ich das *nicht* aussprechen soll, was ich doch denke: daß dergleichen nie zuvor geschrieben worden ist, daß dergleichen nie mehr geschrieben werden wird.
Wir sind schon fast am Ende des »tollen Tags«, der Graf hat für das Fest größte Pracht befohlen, »magnifica la festa«, die Mädchen haben ihm mit ihrem Singsang gedankt, aber auch das Intrigenspiel ist gefädelt, herüber und hinüber, mit aller List. Der Vorhang fällt noch einmal, doch ohne daß das Licht im Saal angeht. Nur für einen Augenblick ist Stille, und dann beginnt es von neuem. Nichts mehr ist da von dem pompösen C-Dur, mit dem der Dritte Akt geschlossen hatte; in f-Moll beginnt es nun, im Sechsachteltakt, auf der Szene ist Nacht, Windlichter nur werfen flüchtige Schatten, und die kleine Barbarina kommt herein. Sie hatte bis dahin noch nicht mehr als ein paar kleine Rezitative zu singen gehabt, und wenn sie eine Debütantin ist – ich habe es so erlebt –, dann weiß sie, daß die nächsten drei Minuten über ihren Lebensgang entscheiden können, und so singt sie, was sie zu singen hat, ihre

Cavatine nun: »Unglückselge, kleine Nadel, daß ich dich nicht finden kann.«

Und dann geht es weiter im Wechsel von Rezitativ und Arie; Figaro hat seinen letzten Soloauftritt, das Machtwort von Eifersucht und Manneszorn, die Warnung an die »blinden, betörten Männer«. Er faucht wild und geschmeidig. »Son rose spinose«, heißt es, »dornige Rosen«, sie allesamt, die Fängerinnen der Liebe, und düster entschlossen kehrt sein Refrain wieder und wieder: »Il resto non dico«, halb Kobold, halb Wüterich. »Il resto non dico« – »das Weitere verschweig ich, doch weiß es die Welt.« Aber dann kommt die Rosenarie; Susanne erscheint, und sie, die eben noch ›rosa spinosa‹ Gescholtene, singt. Sie singt das kleine Rezitativ, bei dem es immer schon so still wird im Großen Haus, und dann die Arie selbst. Sie ist ja mitverstrickt in das Intrigenspiel, sie muß Stelldichein und Liebesstunde spielen, als treulos Erhörende, und ihr »Komm doch, mein Trauter« halb flunkern; aber Mozarts Musik siegt über Da Pontes Text, und wenn sie ihren seligen Aufgesang wagt, das »ti vo la fronte incoronar«, und den Abgesang dann, das »di rose« – dann – dann kann sie keines andern Stirn bekränzen wollen als die des wahrhaft Geliebten: die wirkliche Liebe lügt nicht.

Aber zu Ende ist es noch lange nicht; allen Unfug und Übermut wollen wir haben, auch Marcelline und Basilio müssen auf den Plan, verstellte Stimme und vertauschtes Gewand spielen ihre Komödie, und das berühmte Klitsch-Klatsch auf Figaros Wange wollen wir hören, den Friedensschluß dann, den ersten hier, das immer wiederkehrende »Pace – pace«.

Und noch ist der Graf selbst ja seinen Vogelstellerinnen nicht ins Garn gegangen; Figaro muß der Verschwörung beitreten, Fackeln flammen auf, es gibt den Lärm der Wachen und der Hellebarden; recht in flagranti will der Graf seine Gräfin ertappen; wie, daß er nicht weiß, daß er, der prellen möchte, längst selbst der Geprellte ist. Die Verwirrung nimmt überhand; halb wissend, halb unwissend rufen sie, der Gräfin zu

Diensten, ihr vielzüngiges »Perdono«, »Verzeihung«, dem aber nichts als ein störrisch-stampfendes »No« aus des Grafen Mund zur Antwort wird; da gibt sich, den Knoten zu lösen, die Gräfin zu erkennen, und nun, da alle nicht wissen, wie ihnen geschieht, nun ist's am Grafen, *sein* »perdono« zu rufen.

»Contessa perdono«: wenn es das gibt: Paradies im Paradies, essentia paradisica, so will ich sagen: dies ist's. Der Sexten- und der Septimensprung hier, der kleine Sekundenschritt danach, und schließlich die Quintenfolge, die dem wenig Würdigen die Antwort der Liebe gibt: »Wie könnt ich denn zürnen?« – es ist das einfachste Gebilde von der Welt, und ist mit nichts zu vergleichen. »È dico di si»: es ist das Ja-Wort noch einmal, schwerer als jenes erste, frühgegebene; das Schwerste ist hier, aber es ist ohne Schwere. »Sotto voce« heißt die Anweisung an dieser Stelle; fünfzehn Takte lang müssen sie, mit angehaltenem Atem, wenn man so sagen mag, diese Seligkeit auskosten, alle nun, die auf der Bühne sind; dann erst darf die stretta einsetzen, allegro assai, weniger ist nicht möglich, um dem ›Tollen Tag‹ das Ende zu bereiten, ohne das im beifallsbegierigen Theater kein Ende sein kann.

Ich habe erzählt, wie eben das Wort erzählen muß: nacheinander – dies... und dann... und dann. Aber die Musik, und ausdrücklich Mozarts Musik, und so völlig diese Musik kennt kaum ein Nacheinander; er, Mozart, hat – nach seinen eigenen Worten – alles Nacheinander als ein Ineinander vernommen, und so ist denn auch sein Paradies, ein Paradies des Zusammen und Zugleich, ein Oben und Unten, sollen wir sagen: ein Chagallsches Paradies – oder – wie sagen wir?

Winkend im Ernst. Das ist nur eben eine Formel, und ich prüfe, ob sie taugt. »Winken« ist so vieles; Lachendes, Zärtliches, Abschiednehmendes. Und auch »Ernst« ist so vieles: Sophokles und Dante gewiß, und Rembrandt auch, und auch Goethe, denk ich. Aber »winkend im Ernst« – das ist Mozart.

Wir sind im Theater, in Sevilla, im Schloß des Grafen Alma-
viva und in seinem Park, und die dort ihr Fest halten, sind fürs
erste keine Paradieserwählten, sondern recht menschliche
Menschen: listig und lüstern, eifersüchtig und neidisch, bos-
haft und verschlagen, aber auch gutmütig und bieder, verliebt
und verspielt, zärtlich und auch der Güte fähig – und der da
von ihnen musizierte, der kannte ein wenig das menschliche
Herz, sein Ungestüm, sein Leicht und sein Schwer, denn ein
wenig kannte er sich selbst, und was in ihm war, war nicht
Paradies. Und doch ist da diese Musik, dieser glückselige Lärm
des Lebens, und das Schweigen dann, und dann dieses »Contessa, perdono« – und das »è dico di si«.
Er war sehr reich, der arme Wolfgang Amadeus Mozart; er
brauchte sich, ein Leben lang, nicht selbst zu bestehlen. Aber
daß es mit diesem »Vierten Akt des Figaro« eine besondere
Bewandtnis hatte, daß einem dergleichen einmal im Leben
zuteil wird und dann nicht noch einmal, das schien auch er,
dieser Krösus, zu wissen, und so könnten wir in seinem
Spätwerk, einem Werk, das dem Tode zugeht, ein paar Anklänge – und mehr als Anklänge – nennen, die aus dieser
Gartennacht stammen.
Aber nein, die Gartennacht ist es ja nicht, und »Mozart, das
Paradies«, das bindet sich an keinen Ort, an keine Zeit. Mehr
ist von diesem Hierunddort, diesem Dortimhier nicht zu
sagen als dies: daß es wahr und wirklich ist, Paradies: dort, wo
ein Mensch sich ganz dem anderen zuwendet, dort, wo einer
dies »perdono« wagt – und diese Verzeihung empfängt.

Verborgene Herrlichkeit

Zweimal im Jahr geschieht es, daß weltliches und geistliches Jahr einander deutlich entgegen sind: wenn die Welt Abschied nimmt von Farbe und Sonnenlicht, dann feiert die Kirche Advent: Ankunft und Neubeginn; und wenn die Welt in den Frühling schaut, dann sieht das Auge der Gemeinde auf die Passion Christi. So vom Sichtbar-Vorhandenen weg auf das Unsichtbare gewiesen, buchstabiert Christenheit das Geheimnis von der »Verborgenen Herrlichkeit«, von der das große Gebet des abschiednehmenden Herrn – Johannes im Siebzehnten aufgezeichnet – erfüllt ist.

Schon vom Zwiegespräch unter Menschen gilt, daß nur der kleinste Teil für einen Dritten wirklich verständlich sein kann; alles Wesentliche bleibt im Verborgenen; erst recht gilt dies für das Gebet, die Zwiesprache des Menschen mit dem ewigen Gott, und wie ganz gilt es für das Gespräch des Sohnes mit dem Vater. Dieses Wort ist wie ein großer Teppich vor dem Allerheiligsten: was uns zugewandt ist, kann nur die Rückseite sein, die rätselhafte Fülle der Nähte und der Verknüpfungen; die aber *ist* uns zugewandt, und wie die Jünger das Wort des heimkehrenden Sohnes gehört haben – »Ich habe deinen Namen offenbart den Menschen«, »Ich habe vollendet das Werk«, »Die du mir gegeben hast: ich habe sie bewahrt«, »Sie haben dein Wort behalten«, »Sie sind dein« – so hören wir diese Worte und erfahren durch sie, was in der Welt sein wird, solange Welt Welt ist: verborgene Herrlichkeit wird sein.

Und das ist: der Widerspruch wird bleiben, das immerwährende »Aber«, das, je nachdem man den Aussagesatz beginnt, ein Aber der Trauer oder des Vertrauens heißt.

Bleiben wird: der rätselvolle Gott. »Alles, was da ist, das ist ferne und sehr tief; wer wirds finden?« steht im alten Buch des Predigers, und das heißt: niemand wird am Menschen auslernen. Niemand wird erfahren, was alles ihm möglich ist, gleichzeitig: das Böseste und das Beste, Taten der Liebe und Werke der Zerstörung. Und: niemand wird Gottes erbarmungsvolle und furchtbare Gegenwart enträtseln: die Güte seines Gewährens, die Gewalt seiner Zulassung, sein vernehmliches Reden, sein unbegreifliches Schweigen. Aus der Wüstennacht der Welt, in der wunderbare Bewahrung und täglich-neue Gefährdung wechseln – nach welchem Sinn, welchem Plan? – ruft die menschliche Seele, die nach Eindeutigkeit verlangende, immer mit Moses Stimme ruft sie: »Laß mich deine Herrlichkeit sehen!« Wird ihr Antwort zuteil? Ja. Diese Antwort: »Siehe, es ist ein Raum bei mir; da sollst du auf dem Fels stehen. Wenn denn nun meine Herrlichkeit vorübergeht, will ich dich in der Felskluft lassen stehen und meine Hand ob dir halten, bis ich vorübergehe. Und wenn ich meine Hand von dir tue, wirst du mir hinten nach sehen: aber mein Angesicht kann man nicht sehen.« So wird geantwortet, und weiter als bis zu diesem »Nachsehen« gelangen wir nicht.

Und doch: »Ich habe deinen Namen offenbart.« Das Väterliche, die lebenzeugende, ordnende, bewahrende Macht des Väterlichen, sie ist eingestiftet in diese Welt. Psalter und Prophetie haben begonnen, sie zu sehen, Jesus hat sie mit neuer Stimme bezeugt, und wir wagen, auf sein Zeugnis hin, zu glauben, daß »dennoch und trotzdem ein gütiger Vater / So gewaltig als gütig, so groß als grausig / Diese kleine wankende Erde regiere: / Daß wir Staub sind vor Ihm / Und doch seinesgleichen / Doch ein Teil von Ihm / Seines Geistes ein Hauch –«. Eine Erinnerung an die Kindheit wird lebendig: wie die wunderbare alte Frau, sonst so scheu und sparsam mit allem geistlichen Wort, am Bett des Knaben mit einer innigen Festigkeit Lavaters Abendstrophe sprach: »Vater! dieser Nam' erweitert / Jede Brust voll Angst und Schmerz / Wie der Mond die Nacht erheitert / Bringst Du Ruh in jedes Herz.« Die Welt, immer im Dunkeln liegend, war auch damals

Kriegswelt, und das Kind konnte nicht an ihr vorbei leben. Aber aus der Nachtstunde – und viel mehr aus dem Leben der Beterin, die mit diesen Strophen zu leben und zu altern vermochte, kam eine große Klarheit, das Licht eines Kinderglaubens, der Zukünftiges erhellt: »wie der Mond die Nacht erheitert...«

Und bleiben wird: das Rätsel der Passion Christi. Nicht nur dies: daß die Stunde des Kaiphas, des Pilatus, die Stunde der Kriegsknechte, des Verrats und der Verleugnung in der Welt *war*; auch nicht nur dies: daß sie in der Welt *ist* als die Stunde unsrer Leidensscheu, unsres Widerstands, unsrer Gleichgültigkeit, unsrer Flucht, unsrer Grausamkeit gegen das leidende Leben, als der Triumph des Teuflischen unter uns. Die Passionsbilder des Malers Georges Rouault, die mitten in unserer Zeit gemalten, warum gehen sie uns so bedrohlich an? Weil sie immer aufs neue dies eine zu sagen scheinen: daß es in der Welt ist, als wäre jener erste Tod unfruchtbar gewesen, als hätte er uns alle nicht in die Scham gewiesen, in das Erschrecken und Zögern hinein. Nicht nur dies; sondern mehr noch das Rätsel, das uns anfällt wie ein Feind: muß es denn so sein, daß »ein Mensch sterbe für das Volk«? Ist das ins Grundgefüge so eingemauert als die Wahrheit vom Opfer, was einer, die Ohnmacht des Gekreuzigten verhöhnend, aussprach: »Andern hat er geholfen und *kann* sich selber nicht helfen...« Kann er am Ende wirklich nicht?

Aber: »Ich habe vollendet das Werk.« Das ist das Wort der Vollmacht und des Sieges. Und heißt: das Werk *ist* in der Welt, wie der Wirkstoff im Teig, es ist nicht mehr aus ihr hinaus zu denken. Das Werk der großen Verwandlung: daß die Sicheren unsicher werden, weil dieser Eine sie stört, die Erschrockenen aber still, weil dieser Eine sie kennt, die Unruhigen ruhig, weil dieses »Kommet her« gesagt ist, und die Schuldigen getrost, weil »die Liebe der Sünden Menge deckt«. Die Kraft der Mittlerschaft ist da, die Zugbrücke ist niedergelassen, die Gotteswelt ist nahe; der Stellvertreter ist da, der, dessen Rücken frei ist, fremde Last zu tragen, der Stellvertre-

ter, der es nicht, wie sonst ein Stellvertreter, nur eben notdürftig macht, der vielmehr es gut macht für alle und in
allem.

Für alle. Für wen? Für die kleine Schar, die der Abschied-
nehmende bei sich hatte, und für die große Schar, die im Gang
der Geschichte heranwuchs. Wer sind sie? Wie sind sie?
Wir kennen sie; wir kennen uns ein wenig. Einfältige Weisheit sollte unser Teil sein: wie ist so viel absichtsvolle
Klugheit daraus geworden! Feuer war entzündet – und wie
sind wir in den Fanatismus geraten! Die Wohnung der Liebe
war gemeint, nicht die starre Mauer des Rechts. Kann
man von Herrlichkeit reden, wenn man von den Christen
spricht?

Und doch: »Sie haben behalten.« Sie können bewahren. Sie
können das Anvertraute festhalten, wie Kinder den Taler, den
man ihnen in die Hand gibt, festhalten, so daß von ihrem
Dasein in der Welt eine Ahnung von Helligkeit und Heiter-
keit und Freiheit ausgeht, noch immer ausgeht. Sie bewahren; sie sind bewahrt. Sie haben, um des Vaters willen, das
Kinderrecht der Spiele und des Vertrauens, auch der klarbe-
grenzten Aufgabe, wie Väter sie den Kindern zumuten, den
Kindern, die sie kennen; sie haben, da einer, Christus, ihr
Meister ist, als die Gesellen das Recht, nur eben ein Bruch-
stück zuwege zu bringen, und die Freude, lernen zu dürfen.
Und sie sind, da der Eine sich nicht schämt, sie Brüder zu
heißen, mit dem Zeichen einer Zusammengehörigkeit gesegnet, von der sie wissen: daß sie nicht bei ihnen begann – und
nicht mit ihnen zu Ende geht.

Wie lesen wir, Jesaja im Zweiunddreißigsten: »Daß mein
Volk in Häusern des Friedens wohnen wird, in sicheren
Wohnungen und in stolzer Ruhe.« Ist das unser Teil: die
offene Herrlichkeit? Dies noch nicht. Aber dann lesen wir
weiter: »Der Gott der Geduld und des Trostes gebe euch, daß
ihr einerlei gesinnt seid untereinander.« Das ist der siebenfar-
bige Bogen des Friedens über den Wetterwänden aller Welt.
Die ihn aufgerichtet sehen, die vertrauen: nicht auf den

Triumph vor aller Welt. Doch: daß sie bewahrt sind, wo sie bewahren. Und noch wo sie nicht bewahren, nicht sich und nicht das anvertraute Gut: daß sie, um der verborgenen Herrlichkeit, der stellvertretenden Liebe willen, in alle Ewigkeit doch nicht gar zerbrochen werden.

Auf Wegen der Befreiung

Eine Rede

Disziplinierter Enthusiasmus. Disziplinierter Enthusiasmus als Lebensatem – kann man sich etwas darunter vorstellen? Zwei Fremdworte, gewiß – und ich sehe nicht, wie ich sie vermeiden soll. Enthusiasmus – das ist, der Sprachwurzel nach – das »Einai en theo«, das »Sein in Gott«. Der, von dem wir hier sprechen, sagte von sich, er sei »kein in Gott gesicherter, sondern ein vor Gott gefährdeter, ein immer neu um Gottes Licht ringender und immer neu an Gottes Abgrunden vergehender Mensch«, aber mit einer allen Hörern unvergeßlichen Bewegung hat er – aus den ›Erzählungen der Chassidim‹ das Lied des Levi Jizchak von Berditschew vorgetragen, das anhebt: »Wo ich gehe – du! Wo ich stehe – du! Nur du, wieder du, immer du!« Enthusiasmus – auch das Bedrohlich-Rauschhafte, das Ekstatisch-Gefährdete bleibt hörbar in diesem Wort und soll auch in unsrem Zusammenhang hörbar bleiben, aber das Adjektiv »diszipliniert« tritt an die Seite, als Ruf zur Nüchternheit, zur Geduld, zur Beschränkung – und Martin Buber war einer, der sich von sich selbst rufen ließ.

Aber ich habe hier nicht einen Lebensatem zu beschreiben, sondern ein Wort zur Eröffnung einer Ausstellung zu sagen: Wege durch ein langes Leben werden nachgezeichnet. Ein Leben, das in Wien 1878 begann und 1965 in Jerusalem zu Ende ging, gehört zwei Jahrhunderten an, drei Sprachkreisen, dem polnischen, dem österreichisch-deutschen, dem israelischen – und mehr als zwei oder drei Wege müssen wir bedenken, denn ein rüstiger und mutiger Läufer war er; vielleicht finden Sie in der letzten Vitrine das Blättchen, auf dem der Todkranke, im Juni 1965, ganz zuletzt mit schwindender Sehkraft, doch mit unversehrter Bewegung in der Handschrift notiert hat: »Ich hab noch eine Weile zu reisen, /

wie lang tut zu wissen nicht not. / Jetzt hält das Geschick an der Hand mich, / dann der Schicksalsfreund Tod.«

Wege –: und so wollte ich dem Wort, das mir hier verstattet ist, die Überschrift ›Auf Wegen der Befreiung‹ voranstellen, wobei mir jener herrliche Satz im Ohr ist, den Jacob Burckhardt einst nach Nietzsches Tod gesprochen hat, dem Gefährten nachrufend, daß »durch sein Dasein der Bestand an Unabhängigkeit in der Welt gemehrt« worden sei.

Einen rüstigen und mutigen Läufer nannte ich ihn, so gleich zwei Charakteristika andeutend: ich meine die Geduld, auf einem eingeschlagenen Weg auszuhalten, und ich meine die Bereitschaft, an einer Wende neu anzufangen. Er war ein junger Mensch, als ihn das Vermächtnis des Baalschemtow anrührte, als er – dies seine Worte – »im Nu überwältigt, die chassidische Seele erfuhr«, und er war durchaus kein junger Mensch mehr, als er – im Jahr 1949 – die Erzählungen der Chassidim in dem grünen Manesseband ans Licht gab. Und wieder: er war ein Mann auf der Lebenshöhe, vierzig eben vorüber, als ihn Franz Rosenzweig in die Arbeit der Bibelübersetzung rief, und er war ein alter Mann, über achtzig Jahre alt, als er diese Arbeit abzuschließen wagte. Dies zur Geduld. Zur Anfangsbereitschaft aber gehört, daß er – lebenslang – ein »atypischer« Mensch zu sein wünschte, der sich nicht festlegen läßt, und daß er das Wort eines Freundes sich zu eigen machte: »Das Vollenden ist nicht unsre Sache, wohl aber der Anfang – und das Anfangen«, und daß er – an anderer Stelle – wie ein verhehltes Selbstgeständnis notierte: »Altwerden ist ja ein herrliches Ding, wenn man nicht verlernt hat, was Anfangen heißt.«

Sein eigener Anfang: das waren Schuljahre im Polnischen, auf dem Gut des Großvaters, des Midraschforschers Salomon Buber, und früh erweckt war die Freude an den Sprachen; den Sprachen und *der* Sprache, der deutschen, die er – vor allem in höheren Jahren – mit Anmut, fast sage ich: einer hofmannsthalschen Anmut schrieb. Bei der Rückkehr nach Wien tat sich ihm der ganze abendländische Reichtum auf, das Burgtheater wurde für eine gewisse Zeit etwas wie eine Heimat; in Leipzig dann, wo die Studien fortgesetzt wurden, war es die Thomaskirchenmotette, die Bedeutung gewann. »Bach half mir«, heißt es lapidar in einer rückblickenden Aufzeichnung. Früh trat Paula Winkler, eine bayrische Nichtjüdin, in sein Leben: sie wurde seine Frau – und schloß sich mit ihm der zionistischen Bewegung an, die Theodor Herzl ins Leben gerufen hatte. Aber Herzls politische Vision, der Judenstaat, rückte nicht in die Mitte von Bubers Gedanken. Für ihn war Zion nicht eine Machtposition, nicht einmal eine »göttliche Bürgschaft«, wohl aber eine »gottgegebene Chance«, und die Kardinalfrage in seinem Kampf um Israel hieß: Wie werden wir, die wir sind? Was muß geschehen, damit die Judenheit aller Erde sich selbst versteht in ihrer Einzigartigkeit als das Volk des ewig ungekündigten Gottesbundes, daß die »Wiederbelebung der Herzen« sich immer neu ereignen kann?

Es wird erzählt, daß, als diese Ausstellung zuerst in Worms gezeigt wurde, immer wieder gerade junge Menschen sich die berühmt gewordene Reminiszenz Bubers, die zu Worms gehört, abschrieben – und so dem Weg des Mannes nachdachten, der da die beiden nah beisammen liegenden und so getrennten Stätten aufsucht: den Dom und den alten jüdischen Friedhof – und beide mit dem Blick der Liebe und der Zuversicht umfaßt.

Im Lebensgang folgten auf die Studienjahre in Wien, Leipzig und Zürich nun Berliner Jahre, und in ihnen Lektoren- und Redaktionstätigkeiten, die von 1916 an in Heppenheim an der Bergstraße fortgesetzt wurden. 1918, am Ende des Ersten Weltkriegs, lesen wir in einem Brief: »Ich habe das Erlebnis der Grenze gehabt; ich kann nicht mehr ›zu Juden‹ sprechen, überhaupt nicht mehr ›zu‹.. Incipit vita nova.«

»Überhaupt nicht mehr ›zu‹«: das klingt nach Abkehr und Verzicht, und natürlich ist der Autor des Buches ›Ich und du‹, das in jenen Jahren langsam, sehr langsam entstand, nicht zu denken ohne die Kraft der Meditation, eine Kraft, die nicht darauf aus sein kann, wirkliche Erfahrungen in kleiner

Münze, gleichsam zum Tageskurs, auszugeben. In diesen ersten Jahren nach dem Krieg wuchs Buber in seine Hauptaufgabe hinein, in sein opus proprium, die Aufgabe des Erziehers, dem jedes Katheder recht sein konnte und der doch auch auf jedes Katheder verzichten durfte.

Jedes Katheder recht: dazu gehört der Anteil an dem, was in jenen Jahren als Volkshochschulbewegung seinen Anfang nahm, dann der Auftrag am Freien Jüdischen Lehrhaus in Frankfurt, die Professur für allgemeine Religionswissenschaft an der Universität Frankfurt; unter Hitler schließlich, solang wie irgend möglich in der Knechtsarbeit der jüdischen Erwachsenenbildung ausharrend, »Tisch und Bank« vielerorts; von 1938 ab gab es den Lehrauftrag für Sozialphilosophie an der Hebräischen Universität in Jerusalem, endlich die Verantwortung in einer Schule für Einwanderer; dazu nicht wenige Vortragspulte – in Europa und Amerika – in den Jahren nach dem Krieg; große Säle und kleine Zimmer, gleichviel – und in ihnen war da der kleine Mann, der es durchaus nicht darauf anlegte, als Rhetor zu wirken, weder durch Stilgewalt noch durch Gebärdenreichtum, auch nicht durch faszinierende Wortwahl, und der dann doch große Wirkung tat, eine Wirkung nicht der Rede, sondern des Seins. Es war keine Übertreibung, wenn er es aussprach: »Ich habe keine Lehre. Ich zeige nur etwas. Ich zeige Wirklichkeit. Ich zeige etwas an der Wirklichkeit, was nicht oder zu wenig gesehen worden ist. Ich nehme ihn, der mir zuhört, an der Hand und führe ihn zum Fenster. Ich stoße das Fenster auf und zeige hinaus. Ich habe keine Lehre, aber ich führe ein Gespräch.«

Ich stoße das Fenster auf. Man begriff im Gespräch mit Buber – ich hatte das Glück, mit ihm einige Male ein wirkliches Gespräch gehabt zu haben –, daß es nicht genug ist, Fenster zu haben, durch die man – unverbindlich, wie zu einer tour d'horizon hinaussehen kann; man muß die Fenster aufstoßen – so: daß Luft und Lärm der Umwelt eindringen – und so: daß man sich durch Luft und Lärm hindurch einer anderen Umwelt verständlich machen kann.

Auf Wegen der Befreiung. Ich denke an einige Spannungsfelder, die uns gestern bedrängten und heute bedrängen, oder soll ich sagen: an einige Dickichte, in die ein liberator Hilfe bringen kann, auch an Entzweiungen, die auf Einung warten.

Ich nenne – alles zu nennen ist nicht möglich – drei Bereiche, in denen ich im besonderen diesen Atem der Befreiung – von Bubers Dasein ausgehend – spüre: den Bereich der Generationen, der Nationen, der Religionen oder Confessionen.

Er war, als ich ihn vor siebenundzwanzig Jahren bei der Friedenspreisfeier in der Paulskirche traf, ein Mann von fünfundsiebzig Jahren. In der Laudatio, die ich damals halten durfte, nannte ich ihn ›Martin Buber, der Beistand‹ – und damals zuerst und später immer wieder habe ich erlebt, wie wenig er nur einer Generation, etwa der seinen, zugehörte. Er war, wie er es von seinem Freund Natorp gerühmt hatte, »alt auf eine anfangskundige Weise«, die Jungen, die Jüngsten verstanden ihn, und spät im Leben konnte er, nicht ganz ohne Lächeln, aber gewiß nicht ohne Ernst zurückgeben: »Seine Kinder versteht man ja nicht; seine Enkel schon viel besser, vorzüglich aber versteht man seine Urenkel.« Aber auch wir, im Alter seiner Kinder, wußten uns verstanden und glaubten, ihn zu verstehen, wie man einen Freund, einen Bruder versteht, – und die Frauen aller Generationen – auch das in diesem Zusammenhang zu sagen ist nicht verboten – hörten in keinem Jahrzehnt seines Lebens auf, ihn – im liebenswertesten Sinn des Wortes – liebzuhaben.

Die Nationen. Das heißt für uns: Israel – und die palästinensische Umwelt – und heißt: Israel und Deutschland.

Schon in den zwanziger Jahren – man muß es heute nachlesen, es liegt ein prophetischer Ernst über den Sätzen – beschwor er Zionistenkongresse, die Araberfrage im Sinn von ›Ich und du‹ neu zu durchdenken: »Zum bloßen ›Neben‹ führt kein Pfad zurück. Aber zum ›Mit‹ kann, so groß sich auch die Hindernisse aufgetürmt haben, immer noch vorgedrungen werden, ich weiß nicht, wie lange noch.« Er lebte in den vierziger Jahren – man konnte sagen: demonstrativ – in Jerusalem im Haus eines Arabers, so für seine Person den damals schon latent-virulenten Streit überwindend.

Als das Jahr 1978 kam – Buber war schon dreizehn Jahre tot –, da wagten wir freilich keine Vision mehr: Buber, ein Zuhörer bei den Begin-Sadat-Gesprächen. Was hätte er gesagt? Hätte er jene kryptische Botschaft wiederholt, die mir zuerst – als ich ihn anno 1934 um Rat gefragt hatte – in seiner Handschrift ins Haus kam: »Du sollst dich nicht vorenthalten«? Hätte er den – unvergeßlichen – Kardinalsatz seiner Lebenserfahrung wiederholt: »Erfolg ist keiner der Namen Gottes«? Mitverantwortung hatte er ein Leben lang wahrgenommen; gehört wurde sein Wort; David ben Gurion hörte, und Levi Eschkol hörte. Befolgt wurde sein Rat freilich nur selten; doch zuweilen vermochte er – einem einzelnen zugut – eine Türe zu öffnen.

So als Türöffner war er auch 1953 in Frankfurt ans Pult gegangen, und dort – dort wohl, nicht überall sonst – wurde sein klares Friedenswort dankbar vernommen, die Strenge in dem Satz: »Was bin ich, daß ich mich vermessen könnte, hier zu vergeben?«, die Güte in dem: »Mein der Schwäche des Menschen kundiges Herz weigert sich, meinen Nächsten deswegen zu verdammen, weil er es nicht über sich vermocht hat, Märtyrer zu werden.«

Auf Wegen der Befreiung. Ich denke an das weite Feld, auf dem sich christliches Leben, Glauben und Handeln mit jüdischem Leben, Glauben und Handeln begegnet oder nicht begegnet, noch begegnet, nicht mehr begegnet, wieder neu begegnet –: keine dieser Verbformen ist ganz falsch, keine ganz richtig. Ich spreche hier nicht von dem weiten Weg, den Buber, dieses Feld bedenkend, zurückgelegt hat – zwischen den Jahren, da er in Prag die ›Reden über das Judentum‹ gehalten hat bis zu den Briefen der späten Jahre. Ich will nur sagen: man soll ihn, der sich zuweilen einen ›Erzjuden‹ genannt hat, nicht in einem christlichen Vorhof ansiedeln wollen, dort wollte er nie sein. Ich denke einen ungelehrten,

ernsthaften Menschen, der Gesprächen in diesem Spannungs-
feld zuhört und dann einen Satz wie diesen versucht: es
scheine ihm wichtig, daß der Christ, indem er hier zuhört,
aufmerksamer auf sein Christsein achten lernt, und daß der
Jude, indes er zuhört, aufmerksam sich neu auf sein Judesein
besinnt.... Ihm, der so spricht, würde ich sagen: »Sie haben
Martin Buber an Ihrer Seite.«

Zwei Gespräche, wirklich geführte, gehören hierher. Zu einem jüdischen Gelehrten sagte ich, ich weiß nicht mehr in
welchem Zusammenhang, »Ihr Buber«... und er entgegnete:
»Nein, das ist – Ihr Buber. Ich glaube, er gehört doch nicht so
recht in das, was ihr das ›Alte Testament‹ nennt, sondern in
den deutschen Protestantismus liberaler Prägung.« Ich gab
damals wohl zurück: »Ein reicher Geist nährt sich aus vieler-
lei Stoffen; aber seine Wurzel, – nein: seine Wurzel ist
Israel.«

Und dann dies – und hier war ein Christ mein Gesprächspart-
ner. »Sie haben ihn doch noch leibhaftig kennen gelernt«,
sagte er zu mir, »haben Gespräche mit ihm geführt. Sagen Sie
eines: war das nun ein frommer Mann?« Ich erwiderte: »Ja,
wir haben Gespräche geführt, gute Gespräche. Ich entsinne
mich nicht, ob eines so ausdrücklich das war, was man ein
›religiöses Gespräch‹ heißt... es ging uns um – wie sag ich? –
kreatürliche Dinge. Auch haben wir viel gescherzt; man
konnte gut mit ihm von ernsten Dingen heiter reden. Aber in
keinem Augenblick verließ einen in seiner Gegenwart die
Vorstellung: daß er in die immerwährende Gottesgeschichte
hineingehört, zu Abraham, zu Jesaja... Und so: also ja, das
war ein frommer Mann.«

Es kam von außen her, es lag nicht ganz auf seinem Weg,
durch Franz Rosenzweig kam es auf ihn zu: die Arbeit an der
Verdeutschung der Schrift. Aber sogleich wurde der Auftrag
seine Sache – und noch einmal können wir davon sprechen,
daß es Wege der Befreiung waren, die er hier einschlug.
»Meinen wir ein Wort?« lautete seine Frage in dieser Arbeit –
und die Antwort gab er sich selbst: »Wir meinen die

Stimme.« Das im Buchstaben gefangene Wort mußte freige-
setzt werden, die Mündlichkeit schafft eine neue Nähe – der
Hörende erfährt geheime Gleichzeitigkeit mit dem Rufenden.
Ich sehe es noch, – es war in einer Tübinger Wohnung – wie
er mir ein Blatt der Übertragung hinreichte, meine Augen
gingen über den Text hin, aber er unterbrach mein stilles
Lesen. »Laut müssen Sie lesen, sogar wenn Sie nur denken.
Nicht um des Rhythmus willen oder der sogenannten Schön-
heit zuliebe, das ist sekundär; sondern damit Sie immer neu
erfahren, daß da ein Du ist, das Sie anredet. Dann verstehen
Sie, warum der heilige Name mit ›Ich-bin-da‹ wiedergegeben
ist, und auch, warum die Thora nicht ›Gesetz‹ heißt, sondern
Weisung. Gesetze sind stumme Faszikel, hinter der Weisung
steht einer, der spricht, ein Weisender.«
Nun verflicht sichs ineinander: diese Gotteserfahrung, die
Schrifterkenntnis, der Auftrag an das immerwährende Israel,
der lebenverwandelnde Befehl aus den Erzählungen der Chassidim mit dem, was man mit einem ungenauen Ausdruck
Bubers ›Philosophie‹ heißen mag – sollte man nicht eher von
einer ›Lebenslehre‹ sprechen? –, seine Besinnung auf das
Dialogische Prinzip, darauf, daß »Menschsein heißt: das ge-
genüberseiende Wesen zu sein...« Nun gewinnt ein Satz,
wie er sich im Buch ›Zwiesprache‹ findet, Vollmacht: »Oben
und unten sind aneinander gebunden. Wer mit den Menschen
reden will, ohne mit Gott zu reden, dessen Wort vollendet
sich nicht; aber wer mit Gott reden will, ohne mit den
Menschen zu reden, dessen Wort geht in die Irre.« Der Satz
gewinnt *die* Vollmacht, die *das* Wort gewinnt, das einer mit
seiner ganzen Existenz deckt, das ›wahr ist in ihm selbst‹.
Bubers Verleger sagte: er habe nie einen Menschen erlebt, der
so wie Buber zuhören konnte; man müßte hinzufügen, daß
durch die Weise, wie er zu antworten vermochte, die Mauern
auch der Stände unwirklich wurden. Ich will es bezeugen: er,
der Gelehrte, war in aller Unmittelbarkeit der Partner auch
der ungelehrten Leute.
Man weiß, daß Buber dem kultischen Bereich des Judentums

früh entsagt hat und nie mehr dorthin zurück gekehrt ist, und daß er bis zuletzt das Odium eines ›religiösen Anarchisten‹ tragen mußte. Es gibt eine Möglichkeit, Bubertexte so zu lesen, daß der Kontext, aus einem Schillerschen Distichon ›Mein Glaube‹ genannt, in die Nähe rückt. Schillers Distichon lautet: »Welche Religion ich bekenne? Keine von allen, / die du mir nennst! Und warum keine? Aus Religion.«

Seine Absage an das Geformte des Kultus, die vielen ein Schmerz war, konnte nur heißen: ich meine keinen Sonderbereich eines Gottesdienstes, weil es dann folgerichtig auch Räume und Zeiten gäbe, die nicht Gottesdienst sind – und das wären für ihn, Buber, undenkbare Räume und Zeiten. Der abgezogene Geist aber, der kein Du über sich erfährt, und keinem Du Rede und Antwort zu stehen vermag – keinem ewigen, keinem zeitlichen Du –, er ist das Einfallstor für das, was bei Buber ›Gottesfinsternis‹ heißt, und recht eigentlich verstand er seinen ganzen Menschenauftrag als ein Wächteramt, als einen Auftrag, dieser Gottesfinsternis entgegen zu sein.

Wächteramt ist ein Doppelamt: Wächter wachen – so sind sie willkommen; Wächter wecken – so sind sie unbequem. Willkommen und unbequem, geliebt und bestritten – Buber war beides, beides bis zuletzt.

In dem Friedhofstrakt, in dem die Professoren der Hebräischen Universität ihre letzte Ruhestätte haben, finden wir am Ende einer Gräberzeile sein Grab. ›Martin Mordechai Buber‹ lesen wir – Mordechai ist ein Name aus der biblischen Esther-Geschichte –, dann die Daten: 8. Febr. 1878–13. Juni 1965, und dann das Wort des 73. Psalms, beginnend »Wa'ani thamid immach«: »Und doch bleibe ich stets an dir.« Das Haus in Talbiyeh, hochgelegen über der Stadt, in dem er fünfzehn Jahre lang als Vater, als Lehrer, als Freund so vielfältig sein ›Ich und du‹ gelebt hat – Ernst Simon, Werner Kraft und Schalom ben-Chorin haben davon berichtet –, der Garten, den Paula Buber bis zu ihrem Tod im Jahr 1958 sehr geliebt und gepflegt hat – sind in fremder Hand; und das Buberzimmer, sorgfältig erhalten und im Bereich des Campus wiedererstellt, kann nicht mehr sein als was – etwa in Frankfurt ›Großer Hirschgraben 23‹ für uns sein kann: ein Andenken und eine Andeutung.

Dort, im Buberzimmer, steht nun das Werk. Vier Bände der gesammelten Schriften, dazu drei Bände des Briefwechsels aus sieben Jahrzehnten, dazu das Buch ›Nachlese‹. Die längst ins Unübersehbare gewachsene Sekundärliteratur hat schwerlich dort Platz. Das Werk selbst lebt im Ja und im Nein, in Spruch und Widerspruch.

Geben wir – nur für einen Augenblick – noch beiden, dem Ja und dem Nein Gehör.

Da ist ›Die Schrift, verdeutscht von Martin Buber, gemeinsam mit Franz Rosenzweig‹ in vier kostbaren schwarzen Dünndruckbänden für sich gedruckt. Wir schlagen auf, etwa im 34. Kapitel des Buches ›Namen‹, und lesen aus den Satzungen der Feste: »Die Festreihe der Fladen wahre, ein Tagsiebent sollst du Fladen essen, wie ichs dir gebot / zur Gezeit der Mondneuung des Ährentreibens, / denn in der Neuung des Ährentreibens bist du aus Ägypten gefahren.« Wir lesen, lesen von neuem, und haben wohl ein wenig Mühe mit dem Text. Aber dann schlagen wir zurück, zum Buch ›Im Anfang‹, Kapitel 17 – und finden: »Aber als Abram neunundneunzig Jahre war, ließ ER vor Abram sich sehen und sprach: Ich bin der gewaltige Gott. Geh einher vor meinem Antlitz! Sei ganz!« Wir lesen, lesen von neuem und finden es – vollkommen.

Und dann lesen wir, was von Levi Jizchak von Berditschew, vom Rižiner, vom Kosnitzer aufgezeichnet ist in den ›Erzählungen der Chassidim‹ und haben dabei ihm Ohr, wie streng Bubers großer Schüler Gershom Scholem mit dem Buch umgegangen ist, das darin waltende Selektionsprinzip verurteilend, ahnen wohl auch, daß nicht alle die Väter des 18. Jahrhunderts so ›buberisch‹ geredet haben, wie sie hier reden. Aber *wenn* hier gesiebt worden ist, und es bleibt dann ein Satz im Sieb wie der des Berditschewers: »Ach, nicht warum ich leide, will ich wissen, nur: ob ich dir zu Willen leide?« – wie sollten wir dann das Sieb nicht rühmen?

Endlich noch dies: Er, Buber – so sagen kritische Stimmen – habe, wiewohl Zeit- und Leidgenosse der deutschen Teufelei, doch nie den rechten, durchdringenden Sinn für das Böse entwickelt. Ich glaube nicht, daß die Kritiker hier recht haben; aber selbst *wenn* sie ein Stück weit recht hätten, wollten wir ihn anders, den auf Versöhnung bedachten Mann, den Mann der dunklen Augen und des hellen Herzens?

Lassen Sie mich persönlich schließen.

Es gibt unter den Chassidischen Geschichten eine, die ich ganz besonders liebe, Buber wußte von dieser Liebe, und auch ihm war sie besonders nahe, er hat sie ›Die Frage der Fragen‹ überschrieben – und sie lautet so: »Vor dem Ende sprach Rabbi Sussja: In der kommenden Welt wird man mich nicht fragen: Warum bist du nicht Mose gewesen? Man wird mich fragen: Warum bist du nicht Sussja gewesen?«

Ich wollte, mein großer Lehrer wäre noch da, der vielverehrte, der mannigfach umstrittene Lehrer, nur für so lange, daß ich ihm bezeugen könnte: daß er, da er Martin Buber werden sollte, Martin Buber geworden, Martin Buber gewesen ist.

Die Fragen des Rabbi Hillel

Bei Rabbi Hillel, einem jüdischen Meister aus dem ersten Jahrhundert nach Christus, findet sich ein Satz, über den sorgfältig nachzudenken jeder Mühe wert ist. Es sind drei Sätze, die aber als ein Satz verstanden sein wollen, drei Fragen, und sie lauten so: »Wenn ich nicht für mich bin, wer ist für mich? Und wenn ich für mich allein bin, wer bin ich? Und wenn nicht jetzt – wann dann?«

Die erste Frage – ist das etwa nur eine rhetorische Frage? »Wenn ich nicht für mich bin, wer ist für mich«: sind wir nicht allesamt ›für uns‹? Aus Selbsterhaltungstrieb, aus Selbstverliebtheit oder – schöner gesagt – aus einem schätzens- und wünschenswerten Selbstvertrauen heraus? Selbstvertrauen? Ich weiß nicht. Es gibt Erfahrungen im Menschenwesen, die dagegen sprechen; die in uns die Meinung erwecken, die Selbstsicherheit, die einer so forsch vor sich herträgt, sei nicht wenig forciert und künstlich, sei gerade das nicht, an was der alte Meister dachte: an das wirkliche Vertrauen, an das, was unabhängig von aller Stellung und Haltung, auch unabhängig von aller Weltzustimmung und Weltablehnung, unser Wesen meint, die Einheit der inneren Person, die Lebensfestigkeit, mit der ein Mensch zu seinem Auftrag steht, zu dem unverwechselbaren Auftrag, der ihm zuteil geworden und für den er verantwortlich ist. In einem Zeitalter, in dem das Wort ›Automation‹ einen menschenbedrohlichen Klang bekommt, in dem unsre Soziologen von der ›Fernsteuerung‹ sprechen – nicht bei Flugzeugen, sondern bei Menschen! –, in dem sie uns wissen lassen, daß wir nicht unsre eigenen Entschlüsse in die Tat umsetzen, sondern die, die ein anderer für uns faßt; in einem Zeitalter, in dem der Sog der Werbung so übermächtig unsre Selbstverantwortlichkeit bedroht, in dem der Druck auf die Gewissensunabhängigkeit des einzelnen durch die Diktatur der Funktionärsmehrheit gang und gäbe geworden ist, in ihm soll unser Satz seinen großen, ruhigen Ton, einen Doppelton entfalten: bedrängend und bewahrend. Ernstlich bedrängend: du – sei dein Wächter: das Grundfremde darfst du nicht zum ständigen Begleiter deines Wesens machen, wenn du mit dir selbst im reinen bleiben möchtest. Und: laß sie eines sein in dir, den einen, der dir befiehlt, und den andern, der ausführt. Und: du – sei dein Freund. Geh nicht im Wüten gegen dich, gegen dein ›So-geschaffen-Sein‹ mit dir um, nicht so, daß du dem alten, bösen Satz »Die Hölle, das ist man selbst« gar so viel Recht über dich einräumst. Und bewahrend ist dieser Ton, der es dir, jeden Tag von neuem, zusagt: du wirst zwischen Morgen und Abend mit dir in Gärten und Kellern, hinter Gittern und an offenen Türen und Fenstern sein; nicht im Himmel, nicht in der Hölle.

»Und wenn ich für mich allein bin, wer bin ich?« Wollen wir die andere Höllenkunde gleich auch noch hören, sie steht bei Sartre: »Die Hölle – das sind die anderen!«? Wir erwachen in der Frühe und werden gewahr: der Raubfisch hat die Nacht überlebt: der Anspruch, der tägliche Überanspruch an uns; das Mißverständnis einer Forderung, die uns nicht meint, sondern jenes ungenaue Bild, das wer weiß wann, wer weiß wo, von wer weiß wem entworfen wurde, und dem wir nun von neuem nicht genügen werden. Und doch: »Wenn ich für mich allein bin, wer bin ich?«: es ist die strenge einfältige Wahrheit des Lebens, daß der andere, immer wieder der andere uns begrenzt und stört – und daß wir die Störung annehmen. Vom Kontakt der Geselligkeit und der Gesellschaft sprechen wir hier nicht; wir meinen das, was jenseits der furchtbaren Selbstgespräche der Macht, der Lust, des Eifers, des Stolzes, der Rechthaberei – Selbstgespräche, die sich als Dialoge ausgeben und die doch keine sind –, was jenseits dieser Monologe erst beginnt. Man muß es sich eingestehen: die großen Dinge – Gespräch, in dem die Einsamkeit wirklich durchbrochen ist – sind selten. Gespräch, das diesen Namen verdient, ist mehr als Gespräch: es ist Wort und Schweigen, Hören und Erwidern, Gewährenlassen und Raten, Argumentieren wider den Gegner und Argumentieren für den Gegner, Beistehen und Beiseitestehen, Vertrauen zum Vertrauten – und Vertrauen zum Fremden. Es ist voller Handlung und doch ohne das Fieber der Ungeduld. Es nimmt den anderen an und nimmt ihm doch nicht seine Eigenheit. Es denkt in den Grundordnungen des Lang-schon-Gefügten, der Bürgerschaft, der Gemeinde, der Familie, und weiß zugleich: hier sind alle Türen offen. Das Leben hört nicht auf, den Gast, den Beisassen, den ›Fremdling in den Toren‹ uns als ›den Nächsten‹ vor die Füße zu legen. Darum ist keine Ordnung gut, keine vor dem Geist des Lebens zu rechtfertigen, in der der Entfernte nicht mitgeliebt ist. »Was geschieht, geht mich an!« Mit starkem Stoß dringt das an unser Herz, von allen Erdteilen her, von Afrika und Asien und dem noch entfernteren Erdteil, keine zehn Schritte weit von meinem Atemzug. »Wer bin ich?« Wer bin ich, wenn ich nicht neu in jeder Morgenfrühe das Anvertraute sehe: das Antlitz des Menschen, das Erwachen der Kinder, das Lächeln der Mütter, die Liebenden in ihrem unzugänglichen und so heiligen Stand, die Männer, die ruhigen oder eiligen Schrittes an ihre Arbeit gehen, die geduldigen Augen der Ärzte und die ungeduldigen Träume der Künstler, die Leidenden und die Sterbenden; das ist Leben und Lebensquell, gestern, heut und immer: einer, der uns in den Weg tritt, wendet sich uns zu, einer, der uns wirklich kennt, redet uns an. Rede mit dem Raubfisch deine Rede: »Wenn ich überfordert werde, was bleibt mir, wer bin ich?« Er wird dir nicht antworten. Aber dann rede auch dies, mit dir rede: »Und wenn ich nicht gefordert werde, wer bin ich?«

»Und wenn nicht jetzt – wann dann?« Der dritte Satz könnte, für sich genommen, wie ein Peitschenschlag klingen, wie eines jener Worte der Ungeduld, vor denen wir uns – nicht ohne Grund – zuweilen fürchten. Wenn nicht jetzt, wann dann: das sind unsere Schreibmaschinen, unsere Telefone, Fernschreiber und Terminkalender. Aber es ist nicht erlaubt, den Satz aus seinem Gefüge zu nehmen, und das Satzgefüge ist alt und weise, entnommen der Welt, in der man mit Peitschen schlägt.

Es ist ein oft beschworenes Heilmittel, der ›Kunst zu sterben‹ entstammend: zu leben, als ob ein eben jetzt beginnender Lebensabschnitt das letzte Stück Leben sei: so – mit geordneter Zeit, geordnetem Testament, so mit der Bereitschaft, nichts Unversöhntes durch die Wochen zu schleppen. Und es ist ein wichtiges Stück aus der Lebenskunst, der ars vivendi, zu leben, als ob wir jetzt schon und immer vor der Felswand der Ewigkeit stünden. Aber nicht vergessen können wir doch auch diesen Bericht: Als der klösterliche Präfekt einst die ballspielenden Knaben fragte, was sie tun würden, wenn sie nun plötzlich erführen, daß sie nur noch eine Stunde zu leben hätten, da gaben die Gefragten allerlei angestrengte geistig-geistliche Antwort. Und einer antwortete: »Ich würde weiter Ball spielen« – und gerade dieser eine, der Knabe der nüchternen Antwort, wurde, wie die Überlieferung weiß, ein Name im Heiligenkalender: Louis de Gonzaga. Über allem ›als ob‹ steht so die Freundschaft mit dem Augenblick, dem bedeutenden, dem belanglosen; aber was ist nun bedeutend, was belanglos? Aus lauter kleinen Gewebefäden setzt sich der Teppich Tag zusammen, und die Gnade des Augenblicks, das gehorsame Ergreifen des Stichworts ist alles. »Wenn nicht jetzt – wann dann?«

Das Ganze ist undurchsichtig. Diese Stunde fragt nicht nach dem, der warten wollte, bis sich ihm das Ganze entschleierte. Wir nehmen die Zeichen an; willkommen sind uns die Frühlingszeichen der Schöpfung, der Laut des Lebens, Naturlaut, der diesen Morgen bestimmt: das Windwehen in den Bäumen und die Stimme der Vögel in dieser Frühe. Aber mit einer anderen Dinglichkeit noch fragen wir nach dem, was darüber ist: Laut des Lebens noch einmal, Geistlaut, der das Dumpfe überwindet, der Morgenruf des Menschen, streitend wider den Schlaf der Welt.

Schmerzhafte Liebe

». . . und meine Brust ist ein Archiv deutschen Gefühls.« Man
errät den Namen des Mannes, der den Satz anno 1824 geschrieben hat, nicht gleich, aber wenn man ihn weiß – es ist
Heinrich Heine, der Heimatlose mit dem schwierig-schönen
Vaterland –, dann nimmt man ihn auf wie ein Schlüsselwort,
überpersönlich, und auch meine persönlichen Erinnerungen
an das erlebte Judentum und die ihm eigentümliche Deutschheit – dies mein Thema – lassen sich von ihm her entfalten.
Ich denke über sechs Jahrzehnte hin; ich rufe einige wenige
Menschenbilder auf – und für mich haben sie unverwechsel-
bare Kontur; aber man verzeihe, wenn ich sie hier doch
zumeist nur mit Initialen anrufe: so mag einer für sich und
für einen Geistverwandten stehen –, und es ist mir gewiß, daß
hier jeder für andere stehen kann.
Natürlich habe ich nicht einen von ihnen nach seiner
Deutschheit gefragt: traf ich sie, so traf ich mich mit ihnen,
soweit sie bibelgläubig waren, in der Gemeinschaft mit Abraham, mit Mose, mit Jeremia, und natürlich war ich zuerst als
Lernender zur Stelle: mir ging es dann um Talmud, Mischna,
Hillel und Maimonides; des weiteren dann um ihre Dichter,
von Jehuda ben Halevi bis Kafka, um ihre Denker, von Moses
Mendelssohn bis Leo Baeck, um das Glück der Chassidim und
auch um die Last ihrer Wege.
Wie fing das an? Ich war ein ungeduldiger, etwas frühreifer
Leserich, und als 1922 Rathenau ermordet worden war, sah
ich mich auf eine Fährte gesetzt, der ich nachgehen mußte.
Der Vater hatte aus seinem Religionsunterricht bei württem-
bergischen Primanern – im Zusammenhang mit diesem Ereig-
nis – von antisemitischen Äußerungen zu berichten, und auch
davon, wie er ihnen begegnet war. Er hatte nach seiner Weise
in aller Ruhe die Einwürfe angehört (»landfremd«, »wesens-

fremd«), gegen Ende der Stunde aber ein Blatt zur Hand genommen: »Ich möchte Ihnen noch ein paar Verse vorlesen.« Das Gedicht war eine Landschaftsschilderung: Birken, Seen, Heide, märkisches Land. Die letzte Zeile hieß: »Land, mein Land, du meine Liebe!« »Wie finden Sie das?« Die Verse fanden Anklang. »Nun: sie stammen von dem Juden Walther Rathenau. Soviel für heute. Guten Tag.«

Soweit des Vaters Bericht. Mir gefielen die Verse nur bedingt, es war wohl eher eine Art Leistikow-Bild als Poesie; aber ich habe sie nicht vergessen; nicht diese Schlußzeile und nicht den Zusammenhang; und zwölf Jahre später, als ich unter anderem und viel düstererem Aspekt an diesen Zusammenhang erinnert wurde, waren sie sogleich von neuem lebendig.

Ich traf O. B. in einem Hinterzimmer des Münchener Verlags. Dunkles Haar, straffe Figur, jüdischer Offizier des Ersten Weltkriegs. Hier im Haus schon fast aus den Anwesenheitslisten gestrichen, notgedrungen; gleichwohl unersetzlich, ein Herr, ein König ohne Land. Ich hatte von einer Staatsfeier berichtet, der ich dienstlich beizuwohnen hatte; wir kamen auf die Brauchtümer der Stunde: vom Sonnwendfeuer bis zum Fackelschwingen... »Brunnenvergifter sind sie« – ich hören noch meine Erbitterung –; »alles usurpieren sie, aber in alles träufeln sie ihren Haß, alles werden sie zu Grunde richten, alles.« »Seien Sie nicht so unbarmherzig«, sagte O. B., mein Gegenüber. »Das Feuer ist eine Macht; das Fahnentuch ein Symbol, und alle Übertreibung übertreibt sich selbst. Geduld, lieber Freund, Geduld.« Wie nun? Ist das nicht die verkehrte Welt? Muß mich O. B. Deutschheit lehren? So war es wohl: da war ich, physiognomisch ein Bilderbuchdeutscher, aber, Kind meiner Zeit, europäisch gesinnt mit besonderen Sympathien für Frankreich, und dort der zehn Jahre Ältere, der Defensor vom »Heil'gen Deutschen Reich«. Ich bin froh; O. B. kam, bald nach diesem Gespräch, durch Glücksumstände in die Schweiz, hatte dort gute Arbeitsjahre und viel später einen friedlichen Tod.

Den hatte B. B. wohl nicht. Ich weiß es nicht. Schlimm, daß ich es nicht weiß: aber das ist die Wahrheit über all dieser Zeit. Ich hatte anno 1938 ein kleines Buch über Mörike geschrieben, und er, dieser Mörike, wurde immer wieder in den Jahren eine Art Flucht- und Treffpunkt. So auch hier. Ich weiß konkret sehr wenig. Zwei, drei Briefe vielleicht, zwei Besuche im Stuttgarter Patriziat, jüdisch war nur die Dame des Hauses. Dann, Frühling 39, noch einmal eine Tee-Einladung und dann dies: »Ich habe noch etwas für Sie, vielleicht für eine Ihrer Töchter... nicht für jetzt, für viel später.« Und dann entnahm sie einem Tresor eine Halskette. »Wertvoll? Nicht sehr wertvoll. Sie sehen ja: einfache grüne Holzperlen; das Schloß, nun gut, es wird vergoldet sein. Aber die Erstbesitzerin ist interessant: Alma von Goethe, die Enkelin. Ob der Großvater selbst den hübschen Schmuck noch gesehen hat, geht aus dem Überlieferungsblatt nicht hervor, und das Blatt ist nicht mehr in meiner Hand. Aber ich weiß die Herkunft – und jetzt wissen Sie's: das genügt. Ihr Mörike hätte eine Freude an dem Ding gehabt. Eine Ihrer Töchter soll den Schmuck einmal tragen.«

Dann kam der Krieg. Und dann, 1948 erst, die Rückkehr der Verlegerfreunde. Wir hatten uns – vor ihrer Emigration – nur noch brieflich, nicht mehr von Angesicht zu Angesicht kennengelernt; aber nun waren sie da und brachten in die Gespräche und Erwägungen das Ganze ein, Bedrohungen, Bewahrungen, Neue Welt und Alte Welt, Roosevelt und Thomas Mann, Werfel und Wilder; aber mitten drin galt es die Havel, Krumme Lanke, Hankels Ablage und ihren Stechlin. Und Sulamith brachten sie mit, die Hochbegabte, die nur von ferne noch Grunewaldkinderwege wußte, die in lauterer Weltempfänglichkeit lehrend gelernt hatte; nun, nach der Rückkehr ging sie in großer Vertrautheit mit der Überlieferung um als wie mit ihresgleichen, mit Bettine und der Günderode, mit Rahel und Henriette Herz; ihre Briefe kamen, kamen auch zu mir, und sie waren wie Brentanos

›Frühlingskranz‹, und wenn sie nicht weiterschreiben konnte und doch nicht aufhören wollte, so schrieb sie zwischen die Zeilen eine Mozartsche Viola-Stimme, Note um Note... Und B. B. F. selbst, da sie öffentlich am Mikrophon mir von ihrer Wiederkehr sprach, sagte Sätze, die mich noch nach einem Menschenalter fast rot werden lassen; nicht meinetwegen, aber dem Thema zulieb gehören sie hierher: »An einem der ersten Tage meines Aufenthalts im Land begegnete ich Ihnen, und da wurde mein Herz um ein Großes von seiner Last befreit. Sie brachten mir mit einem Schlage die ganze deutsche Seele entgegen, die, die ich früher gekannt hatte und liebte und die ich aus der Ferne schon für verlorengegangen hielt.«

Das war die Stimme der Freunde. Aber nie vergesse ich auch jene Fremden, deren Namen ich nicht mehr weiß: sie kamen aus Rehovot in ihre Kinderheimat, sahen Orte, die bis dahin nur Buchstaben in ihrem Paß gewesen waren. Nein, ich vergesse das Ungestüm nicht, mit dem sie in der ersten Viertelstunde schon an meinem Plattenschrank nach dem ›Vierten Brandenburgischen Konzert‹ fahndeten: »Dürfen wir den dritten Satz hören? Die drei Generalpausen am Schluß – die sind wie die Fenster zur Ewigkeit.« Später zog einer einen Band Goethegedichte aus meinem Regal, und in völliger Vertrautheit schlug er auf, was er mir zeigen wollte. Sie hatten von den Bergen in Israel erzählt, vom Licht in der Frühe dort, und dann sagte der eine von ihnen: »Ach wissen Sie, mir ist es nicht genug, daß ich es sehe. Ich muß es auch sagen können. Aber was soll ich noch sagen? Hier ist es ja schon gesagt – und für immer.« Und dann las er die Zeile aus dem ›Westöstlichen Divan‹: »Wenn am Gebirg der Morgen sich entzündet...«

Meine Erzählung ›Das Brandopfer‹ war bald nach ihrem Erscheinen – in den fünfziger Jahren – ins Englische übersetzt worden, und so war sie in Cambridge R. R. unter die Augen gekommen; er hatte sie zunächst englisch, dann aber sogleich deutsch gelesen, und als ich, wiewohl des Englischen unkundig, dienstlich für drei Tage in London erscheinen und sogar sprechen mußte, ergab sich eine Einladung in die Gelehrtenwohnung; Cambridge, Coleridge-Street. R. R. war – hoher Berliner Richter, früh emigriert – arm, wie fast alle Verjagten, aber aus zwei Gründen nicht armselig dran: er war bedürfnislos wie Diogenes, und er hatte seine herrliche Bibliothek gerettet. In neun oder zehn Sprachen las und lebte er, Hebräisch und Arabisch waren ihm geläufig wie die Muttersprache, und die deutsche Sprache war in den zwanzig Jahren des Exils die Muttersprache geblieben. Zwei ineinandergehende Zimmer waren als Bibliothek eingerichtet, – aber *wie* eingerichtet! Aus gut und gern zwanzig Regalen waren sieben oder acht Kabinette geworden; in jedem stand ein kleiner Lesetisch, ein Stuhl, eine Lampe: »Ägyptisches Kabinett, griechisches Kabinett, Goethe-Kabinett.« »Sie dürfen, lieber Freund, jedes Buch herausnehmen, aber Sie dürfen bei Todesstrafe« – ich höre noch dieses »bei Todesstrafe« – »nicht *eines* wieder einstellen; legen Sie's jeweils auf den Tisch, ich räume es dann auf.«

Im Jahr nach dieser ersten Begegnung kam er nach Württemberg. Mörike muß sein. Mergentheim, nun ja: ein wenig Badekur und auch dort schon Mörike; dann Cleversulzbach und Marbach. In Cleversulzbach war er allein; für Marbach hatten wir uns verabredet. »Wie war Cleversulzbach?« »Nun ja. Die Grabsteine, der Pfarrgarten, einige Erinnerungsstücke; aber der Turmhahn war nicht da. Aber jetzt Marbach. Bilder wird es geben und Briefblätter und Manuskripte – und ein Zeichner war er ja auch.« Wir standen im Vestibül des Museums: ich lief, während er an der Garderobe beschäftigt war, voraus, versicherte mich dessen, was ich vermutet hatte, und kam zu ihm zurück: »Herr Doktor, der Turmhahn ist hier.« Und dann lief R. R., fünfundsiebzig Jahre alt und jung, durch die Räume, ließ Schiller Schiller und Hölderlin Hölderlin sein und sah den Turmhahn, der dort stand, zweihundertjährig nun und schwarz wie die Vergangenheit. Ich schaute zu

R. R. hin, nur für einen Augenblick, aber sogleich mußte ich den Blick senken. R. R. hatte Tränen in den Augen, und solche Tränen sind heilig; man darf sie wohl nicht sehen. Mörike ist ja mehr als dieses Idyllikon, das wußten wir beide. Aber nun stand der Turmhahn für Abschied und Wiederkehr, für das gerettete Dasein, für das Ganze.

So dachten – das war wohl fast im gleichen Jahr – auch die Bubers beide: Martin und Paula. Wir waren bei einem Treffen in Tübingen auf die Mozartnovelle zu sprechen gekommen, und einer von beiden, ich glaube Paula, hatte gesagt: »Die Rührlöffel hab' ich behalten, die Wellhölzer und Schneidbretter, die Mozart auf dem Wiener Spielzeugmarkt einkauft; ja, die hab' ich behalten.« Es war nicht anders als wie dort in Marbach: pars pro toto; und mir mußte sogleich die schöne chassidische Geschichte einfallen, die er, Martin Buber, selbst aufgeschrieben hatte: wie sich der Suchende zum großen Lehrer aufmacht, um Rat zu holen; es kommt zu keinem Gespräch, und es bedurfte auch des Gespräches nicht. »Als ich sah«, so der Schüler, »wie der Meister das Schuhband knüpfte, war meine Seele gestillt.«

Ein schmiedeeisernes Requisit, ein hölzerner Gebrauchsgegenstand, ein Spielzeug, ein Zeichen nur: aber sie können Zeichen deuten, weil sie das Wort wissen. Denn das sind sie ja in dieser Welt: das alte Volk des Wortes. Alt sind sie; einer von ihnen, André Neher, hat von ihnen gesagt, sie seien nicht am Tag ihrer Geburt zur Welt gekommen, sie seien geboren mit Abraham, mit dem Sinai, mit der Thora. Wie alt ist ihr Serkin, wenn er heute spielt? Ist er 82 Jahre alt oder ist er gleichzeitig mit David, da der vor Saul spielt auf der Harfe? Und Volk des Wortes sind sie: »Ich muß es sagen können«, sagte der Knabe aus Rehovoth. Des Wortes, ja: des Buchstabens.

Wieder einer von ihnen, G. S., der neunzigjährige Rabbiner im Londoner Exil – wie schrieb er in seinem zweiten Brief? »Wissen Sie, was so brüderlich nah für mich war? Daß Sie, wie ich es tue seit eh und jeh, in deutschen Lettern schrieben. Ich habe es nur mit Mühe und ungern auch anders gelernt.«

Brüderlich nah; aber dann auch seltsam fern. Plötzlich sind auch wir, die Enkel, wie hinter sieben Vorhängen und unerreichbar; und untauglich für das »Archiv Deutschen Gefühls«. Die Analyse nimmt das Wort; Naphta, der scharfzüngige Mentor aus Thomas Manns ›Zauberberg‹, dominiert, und Hölderlin bleibt ein Fremdling für den vieles entschlüsselnden Stefan Zweig; Hermann Kesten findet keinen Zugang zu Eichendorff in seinem Wald, und wenn Gustav Mahler die Lieder aus ›Des Knaben Wunderhorn‹ vertont, so entsteht sublime Musik, aber ›Des Knaben Wunderhorn‹ wird es nicht. Und umgekehrt: auch wir gehen zuweilen Naphta aus dem Weg. Auch wir gestehen uns ein, daß es drüben Kaskaden aus Wort und Gebärde gibt, die wir uns nicht aneignen können, Mixturen aus Schwermut und Gelächter, die uns fremd bleiben, auch Erzeugnisse einer Überwachheit, die uns ängstigen mögen.

Aber zuletzt dann doch dies: ›Schmerzhafte Liebe‹ habe ich diese Besinnung genannt, in der von Freundlichem und auch von Heiterem die Rede sein konnte. Ich will sagen: unbefangene Rede ist nach allem, was durch uns geschehen ist, nicht möglich. Ein doppelter Schmerz dringt noch in alle Äußerung der Zuneigung ein: der Schmerz dessen, der gibt, der Schmerz dessen, der empfängt. Margarete Susman, Bubers Helferin in frühen Tagen, hat, spät im Leben, von diesem »Zwischenuns« geschrieben: »Er war unser Nachbar. Wir haben mit ihm gelebt und ihn geliebt. Wie sollen wir zu dieser entsetzlichen Verwandlung uns stellen? Die Vergebung ist dessen, dessen das Gericht ist; unser ist nur die grenzenlose unauslöschliche Trauer.« Aber gerade sie hat – Gemeinsamkeit im Zeichen Goethes – als die fast Erblindete noch Gruß und Dank geschrieben, und Nelly Sachs, aus den »Wohnungen des Todes« kommend, mochte mich nach den Blumen im schwäbischen Garten und nach der Haarfarbe meiner Töchter fragen. Und selbst dies konnte geschehen: daß J. P., der Historiker aus Anne Franks Land, Autor der Rechenschaft über den Untergang seines Volkes in den fünf Jahren des Zweiten Weltkrieges, da er den zwei Bänden seines Werkes zuletzt ein Motto voranzustellen wünschte, dieses Motto dem Buch eines Mannes aus Deutschland entnahm, geschrieben in der Sprache, in der zuvor die Deportationsverfügungen zu lesen waren in der Prinsengracht und anderswo: da stand aus meiner Erzählung ›Das Brandopfer‹ der Satz: »Aber zuweilen muß einer dasein, der gedenkt.« Als mir die Bände zu Gesicht kamen, war ich – was sollte ich in meiner Betroffenheit sein? – stumm; wenn es Auszeichnungen gibt, die man nur stumm annehmen kann, hier war eine. Und so versteht sich denn auch mein ›Gespräch mit dem Rabbi‹ nicht als eine Antwort, da ja doch nichts zu erwidern ist. Es nimmt den alten Rabbinerspruch auf, in dem Zerbrochensein und Ganzsein einander umarmen: »Es gibt kein ganzers Ding als ein zerbrochens Herz«, und verschränkt, wie es die befangene, die schmerzhafte Liebe tut, alles »ich weiß« mit dem »du weißt«, das keines Wortes bedarf:

Tröst' nicht! Trost lügt. Auch ich kann dich nicht trösten,
Uns hält die Welt im Schraubstock der Gewalt.
Sind wir zu spät, sind wir zu früh gekommen?
Frag nicht. Ist Rahel jung? Ist Rahel alt?

Wohl dem, der sein Gerät verwahrt: wir finden
Das Torschild Ehundje: ZUR ZEIT VERREIST.
Das Fest ist leer. Und selbst im heilgen Leuchter
Wohnt nur die Nacht. Ich weiß. Und du? Du weißt.

Nur daß nicht ganz uns Bitterkeit verwehre
Das Recht auf unsren ungestümen Schmerz,
Sprich, wie dein Ältervater vorgesprochen:
»Kein ganzers Ding als ein zerbrochens Herz.«

Mörike in Ochsenwang

Der Briefträger von Owen, der von 1832, hatte Ochsenwang als Filial, und seit Eduard Mörike dort Pfarrverweser war, hatte er mehr Post als sonst die Steige hinaufzutragen, hinauf und hinab. Die Handschriften kannte er schon; Mörike war zwei Jahre zuvor Vikar in Owen gewesen, und schon damals hieß ein wichtiger Absender, eine wichtige Empfängerin: Jungfer Luise Rau in Grötzingen. Immer noch wie damals, schaute der Herr Pfarrverweser unruhig, gleich beim Empfang des Briefconvoluts, ob die Mädchenhandschrift dabei ist, unruhig und – vielleicht etwas ängstlich? Respektable Absender gab es, Briefschaften, Drucksachen die Menge; und die Briefe, die er von da oben hinunternahm, waren keine kleinen Zettel; was so Herrn alles zu schreiben wissen!
Ich habe den Landbriefträger erfunden; aber ich habe ihn, so denk' ich, nach der Wahrheit erfunden. Denn wir kennen die Briefe, um die es hier geht, kennen sie zumindest zum Teil, die großen Bräutigamsbriefe und die fast ebenso umfangreichen Schreiben an die Herren Vischer, Bauer, Mährlen, an den Verleger Schweizerbart, an das Königlich Württembergische Konsistorium auch. Was da geschrieben und was da empfangen wurde, wissen wir... lückenhaft freilich, denn was die Jungfer Luise Rau aus Grötzingen nach Ochsenwang schrieb, wissen wir durchaus nicht, kaum eine Zeile ist erhalten von jenen Briefen, von denen es heißen konnte: »einst mit heißestem Verlangen / so erwartet, wie empfangen«: sie sind beim Abschied von Ochsenwang im Herbst 1833 an die Absenderin zurückgegeben worden, und die Absenderin hat sie wohl nicht aufbewahrt, und wenn wir das so berichten, sind wir schon mitten in der Mörike-Geschichte jener zwanzig Ochsenwanger Monate – Januar 1832 bis Oktober 1833 –, es waren höchst erregende Monate.
Es hatte so gut angefangen; alles hatte dem seit Jahren zur

Wanderschaft verurteilten Vikar hier oben gefallen, die Landschaft, das Dorf, das »Habichtsnest«, der nahe Breitenstein, der spitzige Fels, die Schulkinder, die »prompten und frischen Antworten«, die er in der Kinderlehre von ihnen bekam; die Kirche, »reinlich und rührend klein, wie von Kinderhänden aufgestutzt«. Er ist zunächst allein; ein dienstbarer Geist, von dem wir Näheres nicht erfahren, wird für ihn sorgen – an die Mutter ergeht Bericht:

»Es ist gegenwärtig morgens nach sechs Uhr, und seit fünf Uhr ist das äußere und innere Stübchen warm. Ich trinke meinen Kaffee von gestern, bis der heutige kommt. Es ist nicht das erste Mal, daß ich den Kaffee zu trinken vergaß, er siedet in der Ofenkachel dann bis auf wenige kostbar süße Tropfen, von einer spröden Haut überzogen, ein, und ich glaube, kein Kaiser hat ein delikateres Frühstück.«

Eine Idylle? Keine Idylle. Die Ochsenwanger Zeit ist – betrachtet man es aus der Rückschau auf Mörikes ganzes Dasein – eine große Mörike-Zeit. Ich wage die Formulierung: es ist in seiner ganzen Lebensbewegung, in der Gespanntheit, in Glücksempfinden und Unglücksahnen, in Wunscherfüllung und Nichterfüllung der Höhepunkt seines Lebens. Es kam ja noch einiges, es kamen die berühmten neun Cleversulzbacher Jahre, es kamen Hall, Mergentheim und lange Altersjahre in Stuttgart; zuweilen aber wird man dies alles, auch das bescheidene Cleversulzbacher Pfarrersglück, wie einen Nachklang empfinden, im Abstieg schon empfangen.
Hierher hatte er seinen großen kühnen Jugendversuch, seine ›Novelle in zwei Teilen‹, den ›Maler Nolten‹, dreiviertelsfertig heraufgebracht; hier wurden die Druckfahnen gelesen, von Ochsenwang aus gingen die ersten Exemplare in die Welt; in Ochsenwang empfing er die ersten Antworten darauf, die gescheit-kritischen Vorbehalte Friedrich Theodor Vischers, aber auch die wunderbare Beschreibung von Ludwig Amandus Bauer, in der es heißt: – »›Nolten‹ ist ein Meisterstück,

ausgezeichnet durch Wahrheit und psychologische Tiefe...«
Und dann: »Unheilverkündend ist der ganze Horizont, der
Noltens Leben umfängt, selbst die Farbe der Gegenden, der
Flug der Vögel ist wie vor dem Ausbruch eines Gewitters. – Es
ist nicht möglich, etwas zu hoffen, und allmählich geht das
düstere Vorgefühl in ein Grauen über, wie es nur die Mitternacht oder Shakespeare in mir wecken konnte, ein Grauen,
das überhaupt nur dann in uns entsteht, wenn wir auf echt
künstlerische oder rein menschliche Weise eben bis an den
Saum eines Jenseits gehoben werden, ohne dabei das Diesseits
zu verlieren...«

»Die Mitternacht oder Shakespeare«: das sind große Aspekte,
aber Mörike, der Achtundzwanzig-, Neunundzwanzigjährige,
war damals durchaus der Mann, in solchen Maßen zu denken;
es ist etwas Herrenhaft-Souveränes in all seinen Äußerungen
aus dieser Zeit. Gerade auch die Briefe sind mit einer stupen-
den Sicherheit geschrieben, bis in Einzelheiten hinein mit
hoher, kritisch wachsamer Differenzierkunst. Was den ›Nolten‹ betrifft, so meine ich, daß er nicht nur das auszukosten
hatte, was er als des Dichters Eigentum weiß: »Die süße
Ungeduld und Angst der Produktion, die er in jedem Mo-
ment mit der ganzen Ruhe seines Kunstgefühls zu balancieren
hat«, ich meine, daß er, bei aller Freude an Gelungenem,
die kompositorische Anfechtbarkeit des Ganzen miterkannt
hat.

Er kannte die geheimen Nahtstellen, wo persönliche Erfahrungen fast ungeschützt in den Ereignisgang der Novelle
eingebunden waren, so daß Tagebuch und Dichtung sich
verschwistern; man höre dies: »Wenn uns ganz unerwartet
im ausgelassensten Jammer ein beschämender Vorwurf aus
geliebtem Munde trifft, so ist dies immerhin die grausamste
Abkühlung, die wir erfahren können. Es wird auf einmal
totenstill in dir, du siehst dann deinen eigenen Schmerz, dem
Raubvogel gleich, den in der kühnsten Höhe ein Blitz berührt
hat, langsam aus der Luft herunterfallen und halbtot zu
deinen Füßen zucken...« Die zahlreichen Gedichte freilich,

die so kühn in das Buch eingefügt sind, ›Frühling läßt sein blaues Band‹ oder ›Hier lieg ich auf dem Frühlingshügel‹ oder auch ›Das verlassene Mägdlein‹: das schreibt ihm – ich glaube, das hat er gewußt – zwischen Friedrichshafen und Mergentheim, ja, weiter hinaus den Bogen gespannt, keiner nach.
In Ochsenwang auch erreichte ihn die Nachricht von Goethes Tod, und »buchenswert« ist sein Satz: »Ja wohl hat unsres alten Dichtervaters Tod auch mich erschüttert, auch mich in langes Nachdenken versenkt.«

Nein, keine Idylle. Wohl: äußere Sorgen fechten ihn nicht an; er bleibt nicht allein, die Mutter, die Frau Oberamtsarzt, kommt und hält ihm Haus, und es kommt eine Zeitlang auch der Sorgenbruder Karl Mörike, geradewegs aus dem Gefängnis; er hatte, zuvor, in politische Händel verstrickt, auf dem Hohenasperg sein Jahr abgesessen; nun ist er ein Weilchen beim Bruder, und ist ihm, wir werden sehen wie, recht nütze. Aber seine eigene Gesundheit ist nicht, wie er sie sich wünscht, die rauhe Albluft ist ihm unzuträglich, und mit der Seelengesundheit steht es erst recht nicht zum besten. »Kann man nicht noch einmal den Kirchenmantel fahren lassen?« so fragt er sich. Oder dann: kann man nicht wenigstens eine Reise machen – etwa nach München? Muß man hier bleiben? »Muß ich Geduld haben und fein bleiben und mich vielleicht darüber ruinieren?« So denkt er wohl halblaut vor sich hin, und weiß, daß er laut so nicht denken darf. »Das nehmen die Herren unten« – er meint die Konsistorialräte – »dann doch übel und machen gewaltig schiefe Gesichter. Auch ist die Sache bedenklich, wie ich wohl selbst fühle, und lieb Luischen mit.« »Und lieb Luischen mit.« Ja, lieb Luischen, seit vier Jahren nun Eduards Braut, schreibt sorglich-fragende Briefe ... kommt wohl auch einmal herauf ins Habichtsnest, und findet alles schön; kommt aber dann wieder nicht, und Eduard ist eine Membran, die wohl spürt, daß man in Grötzingen, im Bereich der Mutter Rau, so recht Fiduz zu dieser Brautschaft nicht mehr hat. »Ich bin« – so heißt es im

Januar 33 in einem Eduard-Brief: »Ich bin, meine teuerste Luise, in hohem Grad überrascht und bekümmert durch dein letztes Schreiben... du hast mir bitteres Unrecht getan.«

Wir haben die Briefe der Jungfer Rau nicht, wir müssen raten und kombinieren und uns zuletzt an die Ergebnisse halten: im Oktober 33 löste Luise die Verlobung. Gab es Gefühle erschrockener Erleichterung auf beiden Seiten? Das könnte wohl sein. Wie sehr freilich Mörike getroffen war, entnehmen wir einem Brief an Vischer, in einer ganz goethisch-verschweigerischen Kraft geschrieben, steht dort: »Es hat sich eine für mein ganzes Leben wichtige Katastrophe eingeleitet, deren schmerzhafte Entwicklung alles übrige bei mir verschlang.«
Halten wir uns, da die Vita uns nur ungenaue Konjekturen erlaubt, an das Werk.
»Laß, o Welt, o, laß mich sein« ist ein Gedicht dieses Jahres, und auch das Gebet »Herr, schicke, was du willt«... Es muß einen Menschen, der mit dem Gedicht auf irgendeine Weise zu tun hat, im Grund der Seele bewegen, wenn er Dorf Ochsenwang betritt: hier sind die beiden Urlaute des Herzens zuerst Wort geworden.

Und nun haben wir ja ausdrücklich noch von einem dritten Gedicht zu handeln. Vor hundertfünfzig Jahren wurden in der Kirche von Ochsenwang erstmals die beiden Strophen gesungen, die ›Zum Neuen Jahre‹ heißen, sie sind für alle Reiche, in denen unsere Sprache verstanden wird, das *eine* Neujahrslied der Weltliteratur geworden, einzig Paul Gerhardts ›Nun laßt uns gehn und treten‹ kann mit ihm in einem Atem genannt werden.
So muß man sich's denken: der Bruder Karl, der bei einer Noltenkomposition schon hilfreich zur Stelle gewesen war, hatte in des Bruders Kinderlehre zuweilen als Musiker assistiert, hatte einen Kinderchor geleitet. »Höre, Eduard, du solltest fürs Neujahrsfest ein Lied dichten, ich üb' dir's dann

mit den Kindern ein. Ich hab dir eine Melodie, sie ist von Salieri aus einer Oper ›Axur‹, für ein Lied dort ›Wie dort auf den Auen‹; gib acht, ich spiel dir's vor.«

Sie haben beim Schulmeister unten im Haus ein Klavier, Karl spielt, Eduard hört zu, einmal, zweimal. Mit der Melodie zusammen fällt ihm das Versschema zu; wie Versschemata aussehen, das wußte er kraft »Natur und Gnade« im zweiten Augenblick... Nun käme es nur noch auf eine gute Stunde an, an einem dieser Dezembertage... Einmal, vor sieben Jahren, da war so eine besondere Stunde gewesen. »An einem Wintermorgen, vor Sonnenaufgang«, hatte es damals gehei-ßen, und dann: »flaumenleichte Zeit der dunklen Frühe...« Das ist nun vergeben; man wiederholt sich nicht. Aber »flau-menleicht« müßte es wohl wieder sein, diesmal nicht als Kunstgebild; das hier ist ein Volkston beinah, und was sich da schwebend bilden soll, muß gewichtlos sein – und doch Gewicht vom »großen Weltgewichte«.

Wir wissen es nicht, aber ich könnte mir denken, daß der Blick auf ein unberührtes Schneefeld in der Albhöhenfrühe ihm die erste Strophe leichthin eingegeben hat... nicht »vor Sonnen-aufgang« diesmal, sondern *mit* dem rötlich auf dem Schnee schimmernden Sonnenaufgangslicht zugleich dies denn:

Wie heimlicherweise
Ein Engelein leise
Mit rosigen Füßen
Die Erde betritt,
So nahte der Morgen...

Da ist noch kein Menschenlaut, Menschenatem, Menschen-los. Aber nun soll dies ja ein Gruß zum neuen Jahre werden, nun gehören seine Sonntagsleute dazu, sie sind angeredet und sie antworten selbst:

Jauchzt ihm, ihr Frommen,
ein heilig Willkommen.

Und dann erst will auch er, der Morgenrufer, mit dabeisein. Sie sind einfältige Leute und haben ihr Leben und ihren einfältigen Neujahrswunsch. Er, der Herr Pfarrverweser, der Dichter des ›Maler Nolten‹, Luises Bräutigam, Noch-Bräutigam, ist kein einfältiger Mann, er ist ein schwieriger Mann; aber seine Sonntagsleute lassen ihn nicht allein: er muß sich einbeziehen lassen, und er bezieht sich ein:

Ein heilig Willkommen,
Herz, jauchze du mit!

Aber nun, da es weitergeht, da diese dreihundertfünfundsechzig Erdentage ins Bewußtsein treten, nun, da sich der irdische Globus dreht, Länder und Lose allerorten, nun wird der Ton strenger, schwerer. Erdenjahr, Menschenjahr. Gottesjahr »Anno Domini« schreiben sie in ihre Kalender, und so denn: *»In ihm sei's begonnen.«*
Aber der Erdenglobus dreht sich nicht gottverlassen um sich selbst: Ochsenwang, Württemberg, Europa, die Erde. Man sieht ja ins Große und Freie hier auf der Albhöhe. Man soll nicht umsonst geschrieben haben, dies sei ein Ort, den »die Muse selbst nicht besser hätte auswählen können«, man sieht die großen Himmel bei Tag und die großen Himmel bei Nacht.

In ihm sei's begonnen,
Der Monde und Sonnen
An blauen Gezelten
Des Himmels bewegt.

Die Monde und Sonnen haben kein Wort... Einen Laut hatte sie wohl, die Sonne, beim »alten Dichtervater« hatte sie einen Ton. »Die Sonne tönt nach alter Weise / In Brudersphären Wettgesang.«
Aber das Wort ist Menschenwort; und ist Rede, Anrede, *Gebet.*

»*Du, Vater, du rate.*« Unter dem Schutzmantel dieser dunklen »u« birgt sich das Menschenleben in dieser Stunde. Die Kinder, die das singen, seine Kinderlehrkinder, haben's gelernt, im Katechismussprechen beim »Unser Vater in dem Himmel...«, da hatte er zu fragen: »Was ist das?« und sie antworteten im Chor, ein wenig unverständig – oder wie: ein wenig verständig? –: »Gott will uns damit locken, daß wir glauben sollen, er sei unser rechter Vater und wir seine rechten Kinder...«:

Du, Vater, du rate« – und so könnte es nun hinausgehen, dem Rhythmus der ersten Strophe folgend: »*Du Vater, du rate, du lenke und wende...*« Aber da korrigiert der Schreibstift. Er macht nur ein einziges Häkchen in der Zeile und stellt die beiden ersten Worte um, und nun heißt es »*Lenke du und wende*«, und an dieser Korrektur ist alles gelegen, im Poetischen und darüber hinaus... Wenn Gott lenkt, dann geht es zuweilen dem Menschenplan, der Menschenkunst entgegen; ein Gegenwind ist da, aber ein Aufwind auch, und es gibt Ausblicke, die zuvor keiner sah:

Lenke du und wende.
Herr, dir in die Hände
Sei Anfang und Ende
Sei alles gelegt.

Man muß ja, ob man will oder nicht, in der Tagesfrühe auf seine eigenen Hände schauen. Meine Schreiberhände... meine Sohneshände, Brudershände, Freundeshände, Liebeshände. Was wollen sie halten? Was können sie halten? Was entgleitet ihnen? Wie: der Ring am Finger vielleicht?
Aber da sind die anderen Hände, und in dem Buch da vorn auf dem Altar steht von ihnen geschrieben: »Meine Zeit stehet in deinen Händen.«
Mit dem guten dunklen »u« soll es nicht zu Ende gehen, und der schöne Dreiklang der »e« und »ä« ist nicht hell genug, um erschrockenen Leuten Zuversicht zu geben; zuletzt muß es

der fröhlichste Vokal, muß es ein »a« sein, und der fröhlichste Vokal soll Erd- und Jahrkreis erhellen, und er hat ja ein gutes Wort dafür: »Alles« ist ein sehr kühnes, ein sehr gutes Wort:

Herr, dir in die Hände
Sei Anfang und Ende
Sei alles gelegt.

›*Auf Wegen der Befreiung*‹ erschien in ›*Noch und Schon. Zwölf Erwägungen*‹. Radius-Verlag, Stuttgart 1983. ›*Schmerzliche Liebe*‹ ist enthalten in ›*Das Judentum lebt. Erfahrungen von Christen*‹, hrsg. von Rudolf Walter. Herder Verlag, Freiburg 1985.

Den Verlagen sei für freundliche Abdruckgenehmigung gedankt.